杉本敏夫 監修
最新・はじめて学ぶ社会福祉

ファミリーソーシャルワーク

小口将典

編著

ミネルヴァ書房

シリーズ刊行によせて

　この度，新たに「最新・はじめて学ぶ社会福祉」のシリーズが刊行されることになった。このシリーズは，もともと1998年に，当時岡山県立大学の教授であった故大島侑先生が監修されて「シリーズ・はじめて学ぶ社会福祉」として始まったものであった。当時，現監修者の杉本も岡山県立大学に勤務しており，一部の執筆と編集を担当した。そのような縁があって，その後，杉本が監修を引き継ぎ，2015年に「新・はじめて学ぶ社会福祉」のシリーズを刊行していただいた。

　この度の新シリーズ刊行は，これまでの取り組みをベースに，ちょうど社会福祉士の新しく改正されたカリキュラムが始まることに対応して新しいシラバスにも配慮しつつ，これからの社会福祉について学べるように改訂し，内容の充実を図るものである。また，これまでのシリーズは社会福祉概論や老人福祉論といった社会福祉の中核に焦点を当てた構成をしていたが，今回のシリーズにおいては，いままで以上に社会福祉士の養成を意識して，社会学や心理学，社会福祉調査等の科目もシリーズに加えて充実を図っているのが特徴である。

　なお，これまでの本シリーズの特徴は，①初心者にもわかりやすく社会福祉を説明する，②社会福祉士，精神保健福祉士，介護福祉士，保育士等の養成テキストとして活用できる，③専門職養成の教科書にとどまらないで社会福祉の本質を追究する，ということであった。この新しいシリーズでも，これらの特徴を継続することを各編集者にはお願いをしているので，これから社会福祉を学ぼうとしている人びとや学生は，そのような視点で社会福祉を学べるものと思う。

　21世紀になり，社会福祉も「地域包括」や「自助，互助，共助，公助」と

いった考え方をベースにして展開が図られてきた。そのような流れの中で，社会福祉士や精神保健福祉士もソーシャルワーカーとしての働きを模索，展開してきたように思うし，ソーシャルワーカー養成も紆余曲折を経ながら今日に至ってきた。複雑多様化する生活問題の解決を，社会がソーシャルワーカーに期待する側面もますます強くなってきている。さらには，社会福祉の専門職である保育士や介護福祉士がソーシャルワークの視点をもって支援や援助を行い，社会福祉士や精神保健福祉士と連携や協働が必要な場面が増加している。それと同時に，社会福祉士や精神保健福祉士としての仕事を遂行するのに必要な知識や技術も複雑，高度化してきている。社会福祉士の養成教育の高度化が求められるのも当然である。

　このまえがきを執筆しているのは，2021年1月である。世の中は新型コロナが蔓延しているまっただ中にある。新型コロナは人びとの生活を直撃して，生活の困難が拡大している。生活の困難に対応する制度が社会福祉の制度であり，それを中心となって担うのが社会福祉の専門職である。各専門職がどのような役割を果たすのかが問われているように思う。

　新型コロナはいずれ終息するであろう。その時に，我々の社会や生活はどのような形になるのであろうか。人びとの意識はどのように変化しているのであろうか。また，そのような時代に社会福祉の専門職にはどのようなことが期待されるのであろうか。まだまだよくわからないのが本当であろうが，我々は社会福祉の立場でこれらをよく考えておくことも重要ではないかと思われる。

2021年1月

　　　　　　　　　　　　　　　　　　　　　　　監修者　杉本敏夫

はじめに

　ソーシャルワーカーは，その実践において家族の抱える問題に出会います。それは，福祉が対象とする分野を問わず多方面にわたります。クライエント（以下，利用者）が福祉サービスを利用して生活の立て直しをはかる時，当然のことながら問題を抱えた本人にとどまらず家族を巻き込んでいきます。福祉サービスを利用することは家族の歴史において重大な出来事であり，家族もまた支援を必要としていることが多いからです。

　本書は，ソーシャルワーカーを目指している学生や，福祉の現場で支援に携わっている専門職を主な読者層として想定していますが，支援をする人のみではなく，支援をされる人も共に読むことができるものとして企画しました。ファミリーソーシャルワークでは家族や家庭を「支える」という意味で，「支援」「援助」「介助」「ケア」「サポート」など多様な表現が用いられています。しかし，これらの言葉は「助ける」という言葉と同じく，「支援する側」と「支援される側」に分けられ，「支援する者から支援される者へ」といった一方向的な流れを生みがちです。ファミリーソーシャルワークでは，介護の重さに疲れている家族や，介護されることの負担に苦しむ本人の双方の理解が必要です。そのため，支援は言葉や気持ちが「お互いに」交換され，課題やつらさを「ともに」抱えることからはじまります。家族の歩みを振り返り，本人と家族の不安を受け止め，壁にぶつかった時には共に悩み，工夫を重ね，家族の発達の過程として支援を位置づけることも大切な姿勢となるからです。

　本書は，25名の執筆者との共同執筆によって発刊するものです。それぞれが綴ったなかに，筆者と家族との対話があり，支援のなかで学んだ教訓，読者に伝えたい想いが詰まっています。編者の恩師である窪田暁子先生がその著書の(1)なかで，人は生まれてはじめてというほどの生の困難に直面したとしても「自らの人生のなかから，安らかに落ち着いていた時の記憶，楽しかった記憶，自分の力を実感することができた瞬間の，またそれを支えてくれた人や物や状況の記憶とそのネットワークの断片を集め，味わい，思い出し，組み合わせ，と

きに勇敢にときにおずおずと試し，諦めようとする自分を励まし，周囲の人々から見聞きした知恵をブレンドし，前に向かって歩き始める」と綴っておられます。本当にそうだと思います。そして，こうした瞬間に立ち会えることが，ソーシャルワークの仕事を続ける原動力になっています。

　ソーシャルワーカーを目指している学生も，福祉の現場ですでに働いている人も，介護に疲れている家族も，支えられることに負担を感じている人も，本書を手に取っていただき，それぞれが自分を支えてくれた人や風景の記憶をたどってみてください。そして立場を超えて，想いを語り，知恵をブレンドし，明日の福祉を共に考える手がかりに本書が役立てば幸いです。

2025年1月

編者　小口将典

注
(1) 窪田暁子（2013）『福祉援助の臨床――共感する他者として』誠信書房，227頁。

目　　次

シリーズ刊行によせて
はじめに

第Ⅰ部　家族・家庭の現状

第1章　そもそも家族とは……2
  1　家族・家庭とは……2
  2　家族・家庭の機能……4
  3　家族システムとは……6
  コラム　家族って何だろう——変わりゆく家族のカタチ　12

第2章　昔と今で家族はどのように変わったのか……13
  1　家族の形と家族機能……13
  2　変化し続ける家族観……15
  3　家族と働き方の変化……19
  コラム　街にはハートがあふれています　25

第3章　今の家族・家庭はどうなっているのか……26
  1　近年の人口動態と少子高齢化……26
  2　家族の変容……32
  3　地域社会とのかかわりの希薄化……36
  コラム　ソーシャルワークと法制度　38

第4章 なぜ家族・家庭支援が必要なのか……39
- *1* ソーシャルワークにおける家族の理解……39
- *2* 家族・家庭の機能と役割……41
- *3* ファミリーソーシャルワークにおける考え方……43
- *4* ファミリーソーシャルワークで大切にしたいこと……46

コラム　祖母を看取った日々の想い　49

第Ⅱ部　家族へのソーシャルワーク

第5章 家族への支援を考えるための手がかり……52
- *1* 家族アセスメントの重要性……52
- *2* ジェノグラムとファミリーマップの描き方の基本……55
- *3* エコマップの描き方の基本……59

第6章 ファミリーソーシャルワークの過程①　面接技法……64
- *1* ファミリーソーシャルワークにおける面接の意義……64
- *2* 専門職が用いる面接技法……68
- *3* 臨床で求められるソーシャルワーカーの力量……72

コラム　支え合う母と子の暮らし　77

第7章 ファミリーソーシャルワークの過程②　アセスメントとプランニング……78
- *1* ソーシャルワーカーは家族の何を「観て」いるのか……78
- *2* クライエントと共に支援の羅針盤を「観る」……84
- *3* 「わたし」と「あなた」の「あいだ」を「観る」……89

コラム　支援者を，一人にしない　91

目　次

第8章　ファミリーソーシャルワークの過程③
　　　　　モニタリングとアフターフォロー……92
　1　モニタリングとは何か……92
　2　アフターフォロー……94
　3　「子どもの最善の利益」に視点を置いた
　　　ソーシャルワーク実践から考える検討課題……96
　コラム　ペットは家族？　100

第Ⅲ部　ファミリーソーシャルワークの実際

第9章　子育て家庭への支援……102
　1　子育て支援の現状……102
　2　子育て支援の目的と意義……106
　3　子育て支援の展開にあたっての留意点……107
　コラム　家庭と向き合う　111

第10章　高齢者を介護する家族への支援……112
　1　家族形態の変化と介護……112
　2　家族介護が抱える不安と負担……115
　3　家族支援の方法……119
　コラム　祖父の介護を通じて　124

第11章　障害者を支える家族への支援……125
　1　障害者と家族の状況……125
　2　家族が抱える問題……128
　3　支援の考え方……134
　コラム　"ミッション"こそが働く意味　137

vii

第12章 若者（ヤングケアラー）への支援 …………138

- *1* 若者が抱える困難 …………………………………………138
- *2* ヤングケアラーの現状 ……………………………………139
- *3* ヤングケアラーとその家族が抱える問題 ………………141
- *4* ヤングケアラーへの支援 …………………………………143
- コラム　垣根を越えて"大人"が手を差し伸べあい，調和すること　149

第13章 危機的状況にある家族への支援① 虐待・DV …………150

- *1* 児童虐待とは ………………………………………………150
- *2* 配偶者からの暴力（DV）…………………………………156
- *3* 虐待・DV への対応 ………………………………………159
- コラム　すべての子どもたちに家庭のぬくもりを　163

第14章 危機的状況にある家族への支援② 社会的孤立による問題 …………164

- *1* 孤立と孤独 …………………………………………………164
- *2* 社会的孤立 …………………………………………………167
- *3* 生活困窮と8050問題 ………………………………………176
- *4* 日本の孤独・孤立対策 ……………………………………179
- コラム　保健師活動と家族支援　184

第15章 これからのファミリーソーシャルワーク …………185

- *1* 日本の社会状況の変化と今後の予測 ……………………185
- *2* 地域共生社会への視座と取り組み ………………………187
- *3* 地域共生社会を踏まえたファミリーソーシャルワークの視点 …193
- コラム　私が大切にしてきたこと　198

目　次

おわりに
さくいん

第Ⅰ部

家族・家庭の現状

第1章

そもそも家庭とは

　わが国では近年，少子高齢化・人口減少の急速な進展に伴い，三世代世帯が減少し，単身世帯，核家族世帯，共働き世帯，ひとり親世帯等が増加するなど家族の形態が大きく変化している。これに伴い，家庭の機能も大きく変化しており，家庭内における子育て，介護等のあり方に大きな影響を及ぼしている。

　本章では，家族・家庭とは何か，どのような機能や役割を持つかについて，時代とともに変化している家族・家庭の様相を踏まえながら理解する。さらに，家族をシステムとしてとらえることで，家族を構成する成員間の関係性，家族と社会の関係性を理解し，地域社会を構成する最小単位としての家族・家庭が抱え得る課題をソーシャルワーカーが考える土台としたい。

1　家族・家庭とは

（1）家族とは

　人は出生すると，多くの場合父母や祖父母などに扶養され，兄弟姉妹などと共に生活しつつ成長する。また，大人になると婚姻により夫婦関係を結び新たな生活の場を築くようになる。家族は，このような血縁や婚姻によって関係を結んだ人々の集団という側面がある。

　一方，家族はそうした法律上の関係性だけではなく，心理的な関係性を併せ持つ。表1-1は，家族の定義として代表的なものである。このように，家族の定義では，絆や情緒的な結びつき，そして家族であると自覚している人たちであることが共通している。[1]「家族としての認識」「情緒的なつながり」「絆」

表1-1　家族の定義

ハンソン	家族とはお互いに情緒的，物理的，そして／あるいは経済的サポートを依存しあっている2人かそれ以上の人々のことである。家族のメンバーとは，その人たち自身が家族であると認識している人々である。
フリードマン	家族は相互に情緒的に巻き込まれ，地理的に近くで生活をしている人々（2人以上の人々）からなる。
ライト	強い感情的な絆，帰属意識，そして，お互いの生活に関わろうとする情動によって結ばれている個人の集合体である。

出所：ハーモンハンソン，S. M.・ボイド，S. T. 編著／村田恵子ほか監訳（2001）『家族看護学――理論・実践・研究』医学書院，フリードマン，M. M.／野崎佐由美監訳（1993）『家族看護学――理論とアセスメント』へるす出版および森山美知子編（2001）『ファミリーナーシングプラクティス――家族看護の理論と実践』医学書院より筆者作成。

表1-2　家庭の役割

（複数回答）（％）

家庭の役割	割合
休息・やすらぎの場	62.5
家族の団らんの場	61.9
家族の絆を強める場	43.0
親子が共に成長する場	33.5
夫婦の愛情をはぐくむ場	21.9
こどもを生み，育てる場	19.0
親の世話をする場	9.8
こどもをしつける場	7.5
その他	2.9
無回答	0.8

出所：内閣府「国民生活に関する世論調査（令和5年11月調査）」。

「帰属意識」など，情緒的にも結びついているのが家族という集団であるといえる。

また，人にとって家族は最も身近な社会である。家族にはそれぞれの生活習慣や規範（ルール）があり，人は家族に見守られ，育み支えられながら生活するなかで基本的な人間関係や信頼関係を構築していく。家族の一員として生活する過程で身についた習慣や規範は個人の価値観を形成し，一般社会で出会う他者や集団と関係性を構築していく際にも大きな影響を及ぼすこととなる。

（2）家庭とは

　家庭は，家族が暮らす生活の場所であるが，物理的な場を指すことに加え，家族成員一人ひとりにとって様々な役割を持つ。

　内閣府が行った世論調査では，家庭の役割について「休息・やすらぎの場」を挙げた者の割合が62.5％と最も高く，次いで「家族の団らんの場」（61.9％），「家族の絆を強める場」（43.0％），「親子が共に成長する場」（33.5％）などの順となっている（表1-2）。この調査結果からは，家庭は衣食住等の日常生活を営む場であるだけでなく，やすらぎや愛情を感じる場，子育ての場など，家族成員にとって多様な役割を持つものであることがわかる。

2　家族・家庭の機能

（1）家族の機能

　家族看護学研究者のフリードマン（M. M. Friedman）は，家族の機能として表1-3の5つを挙げている。

　家族は，一人ひとりが様々な役割を担いながら，こうした機能を家族成員に

表1-3　フリードマンの家族機能の分類

家族機能	内　容
①　情緒的機能	成人のパーソナリティの安定をもたらす：家族員の心理的ニードに応じる ➡家族を情緒的に支え，緊張を緩和させ，家族内の士気を維持させる機能
②　社会化と 　　社会布置機能	生産的な社会人を輩出するために，子どもへの初期の社会化を主に担い，同時に家族員としての地位を子どもに与える ➡子どもに社会的な規範を教え，社会に参加できる能力を習得させる機能
③　生殖機能	家族の連続性を世代から世代へと保証し，人間関係を存続させる ➡子どもを産み育てる機能であり，家族や社会を継続させるもの
④　経済的機能	十分な経済的資源を提供し有効に配分する ➡家族が生活していくうえで必要なお金を確保し効果的に配分する機能
⑤　ヘルスケア機能	食物，衣類，ヘルスケアなどの人間が生きていくうえで，最低限必要なものを供給する ➡家族の健康を保持・促進したり，病気の家族をケアする機能

出所：フリードマン，M. M.／野崎佐由美監訳（1993）『家族看護学――理論とアセスメント』へるす出版，74～77頁をもとに筆者作成。

第1章　そもそも家庭とは

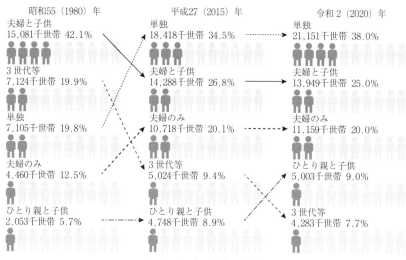

図1-1　家族の姿の変化

備考：1．総務省「国勢調査」より作成。
　　　2．一般世帯に占める比率。施設等に入っている人は含まれない。「3世代等」は，親族のみの世帯のうちの核家族以外の世帯と，非親族を含む世帯の合算。
　　　3．「子」とは親族内の最も若い「夫婦」からみた「子」にあたる続柄の世帯員であり，成人を含む。
出所：男女共同参画局（2022）『令和4年版　男女共同参画白書』。

対してだけでなく，社会に対しても果たしていくこととなる。

（2）家族・家庭の様態

近年，世帯規模の縮小は顕著であり，2023（令和5）年6月1日現在における一世帯当たりの平均人員は2.23人となっている。少子高齢化の進展，核家族化，家族の小規模化などが進み，家族の姿は大きく変化してきている（図1-1）。

（3）家族機能の外部化

家族成員の減少，家族構成の変化は，従来家庭内で賄われてきた機能を外部に移す「家族機能の外部化」を推し進める一因となった。これは，たとえば衣食住は外食やクリーニング，家事代行などに，子どもの教育は塾や習い事に，

子育てはベビーシッターに，介護はホームヘルパーに，というように家族・家庭で担っていることの多い役割を外部サービス等に委ねるものである。こうした家族機能の外部化は，家族の事情に応じて利用することができるなど利便性が高い点が評価できる反面，家族成員としての責任感や家庭内分業に対する家族の意識を変え，家庭内の役割分担を難しくする一因となっている。内閣府の世論調査⁽³⁾では，育児や介護などの家庭内役割の分担について「外部サービスを利用しながら，それ以外は自分と配偶者で半分ずつ分担」を希望するという回答が57.6％で最も多く，次に多い「外部サービスは利用せず，自分と配偶者で半分ずつ分担」(11.8％)を大きく上回る結果となっており，外部サービスの利用についても異なる意見があることが読み取れる。

(4) 家族・家庭が抱える新たな課題

女性の社会進出が進み，共働き家庭が増加するなかでの仕事と子育ての両立，晩婚化による両親の介護と育児のダブルケア，ヤングケアラーの問題など，家族機能の弱体化に伴って家庭内の様々な課題が顕在化してきている。同時に，家庭を取り巻く地域コミュニティとのつながりが希薄になることで，家庭内虐待や社会的孤立など，家族・家庭に外部から見えづらい問題が発生していることも，わが国が直面している大きな課題である。

また，家族の形も多様化が進んでいる。入籍しない事実婚の家族，同性結婚の家族，ステップファミリー（再婚などによって血縁のない親子・兄弟姉妹を含む家族）など，血縁や婚姻による関係にとらわれない家族のあり方が広く認知されるようになっている。こうした家族成員の関係の複雑化に伴い，家族内で発生するニーズも多様なものとなってきているといえよう。

3 家族システムとは

(1) システムとしての家族

システムとは，あるまとまりを持った全体のことを指すが，家族もまた複数の家族成員から形成される１つのシステムといえる。家族は相互に作用し合い，

安定と変化を繰り返す。家族成員1人の変化は他の家族成員に影響し,家族全体の変化として現れる。時には家族全体の重大な問題に発展することもあるが,それは「『家族』に問題があるから家族員や家族間に問題が起こるのではなく,その相互作用の過程においてうまく機能していないだけ[4]」なのである。だからこそ,個人が何らかの問題を抱えた際,家族という個人にとって影響力の強いシステムに働きかけることは,問題解決への有効な手段といえるのである。

(2) 家族システムの3つの属性

家族を1つのシステムとしてとらえると,家族システムを家族の「構造」,「機能」「発達」という3つの属性から説明することが可能となる[5]。

「構造」は,家族の人数や父親,母親,子どもなど家族を構成する家族成員のことである。「機能」は,家族成員それぞれの役割や相互の関係のことである。家族内で期待されている役割を果たしているかどうか,たとえば父親であれば,親,夫,社会人としての役割があり,家族構成によっては婿,息子という役割を果たすこともあり得る。「発達」は家族成員のライフサイクルにおいて,時系列に応じた構造や機能の変化のことを指す。

「発達」に応じて「構造」や「機能」も日々変化し,それらが相互に関連し合っているがゆえに,家族は絶えず対応を迫られる。

(3) 家族システムの特徴

① 家族システムの開放性

家族システムは,家庭というある意味閉ざされた環境のなかで家族成員相互に作用し合うが,友人や知人,学校や勤務先,地域など,家族を取り巻く社会環境ともつながり,双方向に影響し合う「開かれたシステム」であるという一面も持つ。社会のなかに存在する限り,周囲から情報を得たり,家族からも情報を発信したりしながら,社会を構成するあらゆるシステムと相互作用している(図1-2)。

② 家族システムの階層性

システムには階層性があり,あるシステムを構成する要素システムをサブシ

第Ⅰ部　家族・家庭の現状

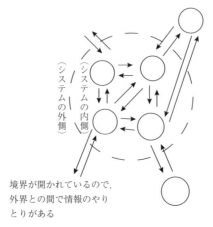

境界が開かれているので，外界との間で情報のやりとりがある

図 1 - 2　開かれたシステム
出所：中釜洋子（2001）『いま家族援助が求められるとき──家族への支援・家族との問題解決』垣内出版，82頁。

ステム（下位システム），あるシステムによって構成されるシステムをスプラシステム（上位システム）という。家族システムに置き換えると，家族システムを構成する家族成員（個人システム）は家族システムのサブシステム，複数の家族システム等によって構成される近隣の地域コミュニティはスプラシステムとなる。さらに家族システムのなかにおける家族成員（個人システム）というサブシステムのなかでも，夫婦，親と子，兄弟姉妹といった関係で階層性があり，それぞれに期待される役割がある（図 1 - 3）。

③　円環的な因果関係

家族システムでは，家族内の問題を直線的な因果関係ではなく円環的な関係でとらえる。直接的な因果関係とは，原因Aが結果Bをもたらした，というように直線的にその因果関係をとらえる考え方である。一方，円環的な因果関係とは，原因Aが結果Bを生んでいるが，結果Bが原因となって次の結果Cをもたらす，というように，システム内の要素は相互に影響し合っているというように，原因と結果を円環的にとらえる考え方である（図 1 - 4）。このように，家族システムという枠組みにおいて，ある事実は原因にも結果にもなり得るのであり，家族成員の行動は家庭内に連鎖的に影響を与えると考える必要がある。

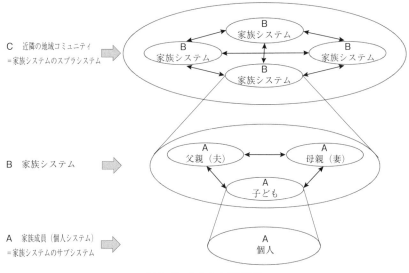

図1-3 システムの階層性

出所：佐藤美紀（2021）「家族支援」『日本地域看護学会誌』24（3），55頁の図を一部筆者改変。

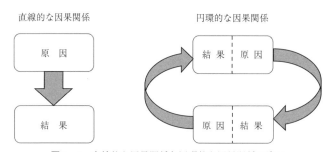

図1-4 直線的な因果関係と円環的な因果関係の違い

出所：下山晴彦・丹野義彦編（2001）『講座 臨床心理学5 発達臨床心理学』東京大学出版会，278頁の図を一部筆者改変。

（4）家族システムの形態維持と形態発生

　家族は，その家族システムがうまく機能していれば，何らかの問題が起こっても対処して家族機能を立て直すことが可能である。なぜなら，全体としての家族の力は個々の家族成員の力を足し合わせたものよりも大きいからである。

　家族システムでは家族が絶えず変化し，周囲の変化に対応しながら安定状態

を維持しようとする（形態維持）が，その過程において，サブシステムである家族成員の予期しない変化が家族システム全体の安定を揺るがすと，システムは緊張状態となる。ライフサイクル上の変化のように予期し得る変化についても同様である。しかし，それも安定状態を保つための過程の一環であり，必要に応じてシステム自体を新しい形態に発展させていく（形態発生）ことで，家族というまとまりは成長を遂げていくのである。

注
(1) 木下由美子（2002）「家族を看護する」『大分看護科学研究』3（2）（https://www.oita-nhs.ac.jp/journal/PDF/3_2/3_2_7.pdf　2024年9月21日閲覧）55頁。
(2) 厚生労働省（2024）「2023（令和5）年国民生活基礎調査」（https://www.mhlw.go.jp/toukei/saikin/hw/k-tyosa/k-tyosa23/index.html　2024年9月23日閲覧）。
(3) 内閣府（2023）「男女共同参画社会に関する世論調査（令和4年11月調査）」（https://survey.gov-online.go.jp/r04/r04-danjo/　2024年9月23日閲覧）。
(4) 得津愼子編著（2005）『家族支援論――一人ひとりと家族のために』相川書房，77頁。
(5) 中釜洋子ほか編（2019）『家族心理学（第2版）――家族システムの発達と臨床的援助』有斐閣，19頁。

参考文献
ハーモンハンソン，S. T.・ボイド，S. T. 編著／村田恵子ほか監訳（2001）『家族看護学――理論・実践・研究』医学書院。
フリードマン，M. M.／野崎佐由美監訳（1993）『家族看護学――理論とアセスメント』へるす出版。
森山美知子編（2001）『ファミリーナーシングプラクティス――家族看護の理論と実践』医学書院。
内閣府（2024）「国民生活に関する世論調査（令和5年11月調査）」（https://survey.gov-online.go.jp/r05/r05-life/　2024年9月23日閲覧）。
男女共同参画局（2022）『令和4年版　男女共同参画白書』（https://www.gender.go.jp/about_danjo/whitepaper/r04/zentai/pdfban.html　2024年9月23日閲覧）。
中釜洋子（2001）『いま家族援助が求められるとき――家族への支援・家族との問題解決』垣内出版。
中釜洋子ほか編（2019）『家族心理学（第2版）――家族システムの発達と臨床的援

助』有斐閣。
佐藤美紀（2021）「家族支援」『日本地域看護学会誌』24（3）（https://www.jachn.net/pdf/chiikikangoindex/vol24-3/JACHN2403_indexNo.29.pdf　2024年9月21日閲覧）55頁。
得津愼子（2018）『家族主体ソーシャルワーク論——家族レジリエンス概念を手がかりに』ナカニシヤ出版。

学習課題

① あなたにとって家庭や家族とはどういった存在だろうか。家のなかの様子や家族との関係性から考えてみよう。

② 家庭はあなたにとって大切な生活の場所である。今よりももっと住みやすい家庭にするために，家族の一員であるあなたが果たすことのできる役割にはどういったものがあるのか，考えてみよう。

第Ⅰ部　家族・家庭の現状

コラム　家族って何だろう——変わりゆく家族のカタチ

　ケアマネジャーは，本人，家族の望む暮らしを叶えるべく，様々な介護サービスやインフォーマルサービスを活用しながら，できる限り住み慣れた家で最期まで暮らし続けることができることを第一に考えて支援しています。本人の力はもちろんのこと，家族の力も見極めながら，どんな暮らしがしたいのか，どう生きていきたいのか，を一緒に考えプランを組み立てていきます。ともに行う共同作業，決して専門職の押し付けにはならないように本人・家族に寄り添い伴走する仕事です。

　今ある力——ストレングスに着目し，どうしたら，本人，家族の力を最大限に引き出し納得した暮らしができるのかを常に考えながら，関わる様々な職種の方々との連携も大事にしています。

　最近は，介護者をケアラーとよび，その支援はケアラー支援ともよばれています。18歳未満の子どもが家族の介護を行っているヤングケアラーも増えています。人口減少，少子高齢化の時代のなか，家族の形，ありかたも様々に変化しています。そうしたなかで，本人はもちろんのこと，家族の介護者支援も私たち在宅介護に関わる専門職にとって大事な支援のひとつです。家族に介護が必要な状態になった時，家で看る家族が元気でなければ，在宅での暮らしは叶いません。本人の力も大事に発揮できるようにしつつ家族の負担も軽減できるようにすることで最期まで家で暮らすことが可能になるのです。

　ある高齢者世帯のご家族は，入院された夫を高齢の妻が看るという状況でしたが，大工であった夫が建てた家になんとか戻ってくることができないか，最期は家で看取りたいと妻の思いで退院し在宅介護が始まりました。訪問診療や訪問看護を活用しながら，1週間という短い時間でしたが家で過ごすことができました。やはり在宅介護をするには介護者が元気でなければならず，在宅介護に介護者支援は不可欠だと思います。介護者が介護で疲弊してしまわないよう，さらに高齢者虐待につながらないように，私たち支援者にはご家族をひとりにせず，孤独にならないよう支援することが求められています。そして，介護者の方々が自身の人生も大切に送れること，離職につながらないように寄り添うことも大切にしています。

（ケアプランセンターみつばち　小林淳子）

第2章

昔と今で家族はどのように変わったのか

　時代の変化とともに，私たちの暮らしの形は多様化し，個人の暮らしの変化とともに家族の形や機能も変化し続けている。ソーシャルワーカーが誰かを支援する際には，その誰かの暮らしを形作る家族について理解を深める必要がある。

　本章では，ソーシャルワーク実践の際にかかわることになる「家族」の今について，昔と今の家族の形や機能の変化に関する基本的な事項を理解しよう。

1　家族の形と家族機能

(1) 家族の形の移ろい

　人生100年時代を迎え，一人ひとりの暮らしも，そして，家族の形も変化し続けている。家族の形は具体的にどのように変化しているのだろうか。時の経過とともに移ろう「家族」の形態について概観しよう。

　まず，はじめに「家族」とは何かであるが，さきに「形も多様」と述べたように文化や社会によってその定義が異なることがあるため，ここでは以下に一般的な説明を紹介する。

　家族とは，概して，夫婦の配偶関係や親子・きょうだい等の血縁関係によって結ばれた親族関係を基礎にする小集団を指す。時代とともに家族形態は多様化し，必ずしも血縁関係によらず，近親者で構成されるものとして捉えられる。[1]

第Ⅰ部　家族・家庭の現状

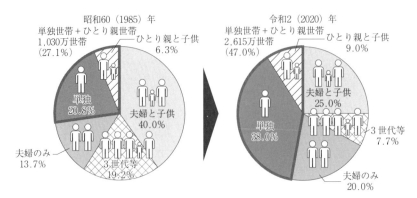

図2-1　家族の形の変化

備考：1．総務省「国勢調査」より作成。
　　　2．一般世帯に占める比率。施設等に入っている人は含まれない。「3世代等」は、親族のみの世帯のうちの核家族以外の世帯と、非親族を含む世帯の合算。
　　　3．「子」とは親族内の最も若い「夫婦」からみた「子」にあたる続柄の世帯員であり、成人を含む。
出所：内閣府男女共同参画局（2023）『令和5年版　男女共同参画白書』4頁。

　それでは、1985（昭和60）年から2020（令和2）年の約35年の間に家族の形にどのような変化があったか確認してみよう（図2-1）。

　1985（昭和60）年には27％ほどであった「単独」と「ひとり親と子ども」が、2020（令和2）年には47％になり全体の約半数を占めるほどに増加している。増加数としては、1030万世帯から2615万世帯と倍以上の増加である。それとは対照的に、1985（昭和60）年には59.2％を占めていた「夫婦と子ども」や「3世代等」は、2020（令和2）年には27.7％ほどにまで減少している。

　この35年ほどの間に大きな家族（拡大家族）から小さな家族（核家族）へ、さらに小規模化した家族へと日本社会に占める家族の形が大きく変化してきたことがわかる。

（2）家族機能

　日常の家族生活を思い浮かべたときに、家族を構成する人々は相互に家族内の役割を遂行し、個人の様々な欲求を充足し合いながら家族を維持していることに気が付くだろう。家族は社会における最小単位の集団として個人の欲求を

補完し合いながら社会の維持や発展に寄与している。簡単にいえば，家族で助け合って生きているということである。この日常の家族生活における営みを家族機能という。

家族機能について，家族社会学の立場からマードック（G. P. Murdock）が，性的機能，生殖的機能，経済的機能，教育的機能の4つを家族の機能として提示している。また，家族看護学の立場からは，フリードマン（M. M. Friedman）が情緒的機能，生殖的機能，社会化の機能，経済的機能，ヘルスケア機能の5つを家族機能として提示している。

かつて日本における家族は，家族のなかで起きたことは家族のなかで解決することが当然とされる家族機能に大きく依存した「日本型福祉社会」の考え方が一般的であった。

しかし現在の日本の家族のあり様を考えると，図2-1で示したとおり単独世帯やひとり親世帯が多くを占め，家族構成員の相互補完が機能しない，もしくは，機能しにくくなっている状況にある。家族機能が十分に機能しない場合，人は暮らしのなかの課題を解決する力を十分に発揮することができず，暮らしが立ち行かない状況に陥る場合もある。

家族の形が変化し続けるなかで，家族の機能を補うように子育てや介護の「社会化」が進められてきた。これまで家族内の相互補完にとどまってきた家族の機能を社会保障制度や専門的機能を持つ社会組織が補完する仕組みへと必要に応じて一部代替することが可能になってきた。このように高度経済成長期に想定された3世代家族や夫婦と子どもで構成される家族の姿を基本とするだけではなく，どのような場合であっても社会福祉サービス等を利用しつつ相互補完的に協力し合うことにより家族の暮らしを維持継続することが一般的になっている。

2 変化し続ける家族観

（1）家父長制と家族

「家制度」は，1898（明治31）年明治民法施行に伴い戸籍法の改正が行われた

ことにより規定された日本の家制度である。現在は廃止されているものの「家制度」の名残は根強く，家父長制的な社会や性別役割分担による男女の不均衡状態はいまだに多くの場面で見受けられる。

家制度は，家長が絶対的な家長権によって家族員を支配・統率する家族形態である家父長制がとられていた。明治期の政府は富国強兵策を強力に推し進めたが，西欧諸国に比べ遅れていた日本の資本主義の発展に向けて国論を一致させるための支配機構として家制度を利用していた。

このように，家父長制を強調した家制度は，家長である戸主と家族の関係を天皇と国民の関係になぞらえて広く国民を統制するための末端機構として明治政府に利用されていた歴史がある。家長は絶対的な力を持ち，家族員を支配・統率する家族形態がとられていたことにより，家族内における女性と子どもの地位は大変低いものであった。

「家」制度は，第二次世界大戦後に制定された新憲法による法の精神の転換により，新民法において廃止され，新たな家族像が以下のとおり示された。[5]

① 家族：戸主権に統率された大家族主義（家父長的家族）から，夫婦と未成熟子からなる核家族中心へ転換
② 夫婦：妻の忍従と奉仕による夫権的夫婦観から，自立した男女の協力共同を前提とした夫婦平等の夫婦観へ転換
③ 親子：親の権威への従属など親のための親子法から親からの自立や子の保護を中心とする子のための親子法へ転換
④ 親族関係：父系による「家」的血縁関係から，個人的血縁関係に転換

現在は，法律上の「家」は廃止されているものの，社会慣行として習俗的，道徳的に「家」が残っており，女性の生きづらさに大きな影響を与え続けている。封建制度下より形を変えながら続いてきた家父長的家制度は人々のなかに深く浸透しており，現代社会における重要な課題の一つでもある。

（2）セクシャリティと家族

　LGBTQ 等の性的マイノリティに関する認知度は少しずつ広がりを見せている。セクシャリティの多様性について知ること，理解することを通して，現代の家族の多様なあり方の認知度は少しずつ広がっている。

　複数人の世帯であったとしても，異性を恋愛の対象とするヘテロセクシャル（異性愛）同士の結婚を経て作られる家族もあれば，結婚をせずに同棲生活を選択する人たちで作られる家族もある。

　さらに，異性との組み合わせばかりではなく，恋愛対象が同性の人であるホモセクシャル（同性愛）同士の組み合わせで家族を作る人など，家族を構成する人々の人数も性別も多様になってきている。

　異性愛者も同性愛者もそのほかのセクシャリティの人々もともに暮らすなかで新しい家族の形を模索しているといえるだろう。

　新しい家族の形を支える仕組みとして，「パートナーシップ制度」がある。「パートナーシップ制度」とは，LGBTQ 等のパートナーシップ関係にある2人に対して「結婚に相当する関係」とする証明書等を発行し，様々なサービスや社会的配慮を受けやすくする制度のことをいう。日本では同性同士の婚姻が法的に認められていないため，主に地方自治体レベルで独自の「パートナーシップ制度」が導入されている例が多い。

（3）結婚や離婚と家族

　1970（昭和45）年には約100万件あった初婚件数も人口減少やライフスタイルの多様化などの理由により，2021（令和3）年には約半数の約50万件にまで減少している。さらに，離婚件数は2000（平成12）年からゆるやかに減少に転じているものの，2021（令和3）年においても年間18万組以上となっている（図2-2）。

　離婚の際に子どもがいる場合は，ひとり親家庭が形作られる場合もある。ひとり親世帯は，およそ30年間で母子世帯が1.5倍，父子世帯は1.1倍に増加している（図2-3）。

　さらに，離婚した者が再婚する場合，そのどちらかに子どもがいたときには家族の再編成が行われ，子連れ再婚家庭（ステップファミリー）が形作られるこ

第Ⅰ部　家族・家庭の現状

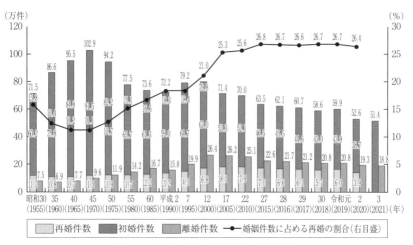

図2-2　婚姻・離婚・再婚件数の年次推移

備考：1．厚生労働省「人口動態統計」より作成。
　　　2．令和3（2021）年の数値は，日本における外国人等を含む速報値。令和3（2021）年の婚姻件数は，再婚件数と初婚件数の合計。
出所：内閣府男女共同参画局（2022）『令和4年版　男女共同参画白書』。

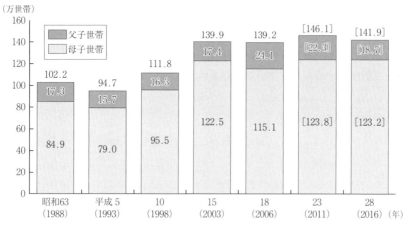

図2-3　母子世帯数および父子世帯数の推移

備考：1．平成23年以前は，厚生労働省「全国母子世帯等調査」，平成28年は厚生労働省「全国ひとり親世帯等調査」より作成。
　　　2．各年11月1日現在。
　　　3．母子（父子）世帯は，父（又は母）のいない児童（満20歳未満の子供であって，未婚の者）がその母（又は父）によって養育されている世帯。母子又は父子以外の同居者がいる世帯を含む。
　　　4．平成23年値は，岩手県，宮城県及び福島県を除く。平成28年値は，熊本県を除く。
出所：図2-2と同じ。

18

とになる。

　家族といっても一つの形に限られない。定義こそあるものの「家族とは○○なもの」といった固定概念にとらわれることなく，多様な暮らしの形があることを知っておくとよい。

3　家族と働き方の変化

（1）仕事と生活の調和

　時代の移ろいとともに家族の形や暮らし方が多様化し，それに伴って働き方についても見直されてきた。2007（平成19）年に策定された「仕事と生活の調和（ワーク・ライフ・バランス）憲章」では，仕事と生活の調和が実現した社会は次のように定義されている。

　国民一人ひとりがやりがいや充実感を感じながら働き，仕事上の責任を果たすとともに，家庭や地域生活などにおいても，子育て期，中高年期といった人生の各段階に応じて多様な生き方が選択・実現できる社会

　具体的には「以下のような社会を目指す」として次の3つの社会像が示されている[6]。
　①　就労による経済的自立が可能な社会
　経済的自立を必要とする者，とりわけ若者がいきいきと働くことができ，かつ，経済的に自立可能な働き方ができ，結婚や子育てに関する希望の実現などに向けて，暮らしの経済的基盤が確保できる。
　②　健康で豊かな生活のための時間が確保できる社会
　働く人々の健康が保持され，家族・友人などとの充実した時間，自己啓発や地域活動への参加のための時間などを持てる豊かな生活ができる。
　③　多様な働き方・生き方が選択できる社会
　性や年齢などにかかわらず，誰もが自らの意欲と能力を持って様々な働き方や生き方に挑戦できる機会が提供されており，子育てや親の介護が必要な時期

第Ⅰ部　家族・家庭の現状

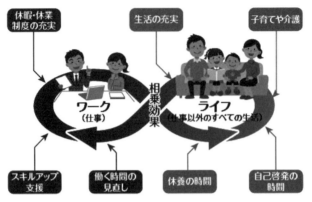

図2-4　ワーク・ライフ・バランスのイメージ
出所：杉並区「ワーク・ライフ・バランスの推進に関する取り組み」(https://www.city.suginami.tokyo.jp/guide/kusei/jinken/1061880.html　2024年9月30日閲覧)。

など個人の置かれた状況に応じて多様で柔軟な働き方が選択でき，しかも公正な処遇が確保されている。

　ワーク・ライフ・バランスは，働く人の仕事と家庭・育児・介護，地域活動などの「仕事以外の生活」との調和がとれ，その両方が充実している状態をいう。とはいえ，仕事と生活の望ましいバランスは個人や家族によってそれぞれに異なっている。また，一人ひとりが体験する子育てや親の介護などのタイミングも異なり，ワーク・ライフ・バランスのよりよい調和を維持することには難しさが伴うことも知っておく必要がある。

　家族機能の補完として社会福祉サービス等を上手に利用しつつ，家族を構成する人々の「仕事」とのかかわり方を変えることにより，ワーク・ライフ・バランスがとれた個人や家族の充実した暮らしの実現を通した生活の質の向上を目指すことができるようになる。

（2）変わりゆく女性の働き方

　近年では働く女性が増加している。その背景には，仕事と育児等との両立支援のため保育所等や育児休業制度等の整備を通した子育ての社会化が進んでいることが影響していると考えられるが，女性が働くことに対する，女性はもち

第 2 章　昔と今で家族はどのように変わったのか

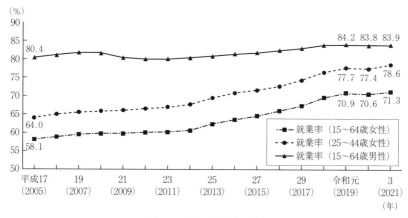

図 2-5　女性の就業率の推移

備考：1．総務省「労働力調査（基本集計）」より作成。
　　　2．平成23（2011）年の就業率は，総務省が補完的に集計した値。
出所：内閣府男女共同参画局（2022）『令和4年版　男女共同参画白書』。

ろんのこと男性を含む社会全体の意識が変化したことも背景にあると考えられる。

　生産年齢人口における女性の就業率の変化は，雇用の分野における男女の均等な機会及び待遇の確保等に関する法律（男女雇用機会均等法）が施行された1986（昭和61）年は53.1％であったが，2016（平成28）年は66.0％と約30年の間に約13％ポイント上昇している（図2-5）。

　女性の就業率の高まりは，共働き等世帯の増加にもつながっている。1980年代には男性片働き世帯数が共働き世帯数の2倍近くであったが，1990年代に共働き世帯数が上回り，2000年代に入っても増加している（図2-6）。一方で，共働き世帯の女性の働き方を見ると，フルタイム労働ではなくパートタイム労働の女性が多く，家庭における多くの責任を女性が担っているであろうこと，つまり家庭内における性別役割分担がいまだに根強く残っていることが透けて見える。

（3）男女共同参画社会

　「男性は仕事，女性は家事」といった固定的な性別役割分担意識にとらわれることなく，男女が経済的にも社会的にも対等に活動できる社会を目指して男

第Ⅰ部　家族・家庭の現状

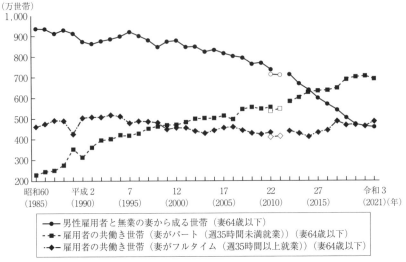

図2-6　共働き等世帯数の推移

備考：1．昭和60年から平成13年までは総務庁「労働力調査特別調査」（各年2月），平成14年以降は総務省「労働力調査（詳細集計）」より作成。「労働力調査特別調査」と「労働力調査（詳細集計）」とでは，調査方法，調査月等が相違することから，時系列比較には注意を要する。
　　　2．「男性雇用者と無業の妻から成る世帯」とは，平成29年までは，夫が非農林業雇用者で，妻が非就業者（非労働力人口及び完全失業者）かつ妻が64歳以下の世帯。平成30年以降は，就業状態の分類区分の変更に伴い，夫が非農林業雇用者で，妻が非就業者（非労働力人口及び完全失業者）かつ妻が64歳以下の世帯。
　　　3．「雇用者の共働き世帯」とは，夫婦ともに非農林業雇用者（非正規の職員・従業員を含む）かつ妻が64歳以下の世帯。
　　　4．平成22年及び23年の値（白抜き表示）は，岩手県，宮城県及び福島県を除く全国の結果。
出所：内閣府男女共同参画局（2022）『令和4年版　男女共同参画白書』。

女共同参画が進められている。

　男女共同参画社会とは，1999（平成11）年に施行された男女共同参画社会基本法第2条において次のように定義されている。

　男女が，社会の対等な構成員として，自らの意思によって社会のあらゆる分野における活動に参画する機会が確保され，もって男女が均等に政治的，経済的，社会的及び文化的利益を享受することができ，かつ，共に責任を担うべき社会[7]

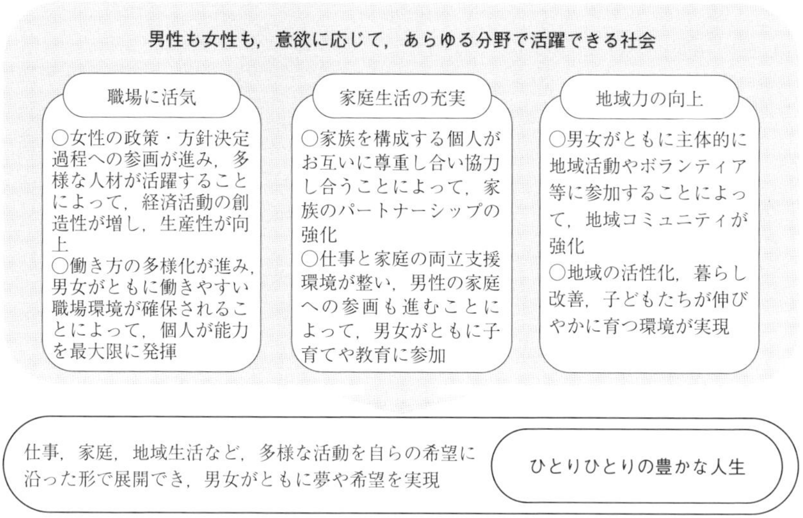

男性も女性も，意欲に応じて，あらゆる分野で活躍できる社会

職場に活気
- 女性の政策・方針決定過程への参画が進み，多様な人材が活躍することによって，経済活動の創造性が増し，生産性が向上
- 働き方の多様化が進み，男女がともに働きやすい職場環境が確保されることによって，個人が能力を最大限に発揮

家庭生活の充実
- 家族を構成する個人がお互いに尊重し合い協力し合うことによって，家族のパートナーシップの強化
- 仕事と家庭の両立支援環境が整い，男性の家庭への参画も進むことによって，男女がともに子育てや教育に参加

地域力の向上
- 男女がともに主体的に地域活動やボランティア等に参加することによって，地域コミュニティが強化
- 地域の活性化，暮らし改善，子どもたちが伸びやかに育つ環境が実現

仕事，家庭，地域生活など，多様な活動を自らの希望に沿った形で展開でき，男女がともに夢や希望を実現 → **ひとりひとりの豊かな人生**

図 2-7 男女共同参画のイメージ
出所：内閣府男女共同参画局「『男女共同参画社会』って何だろう？」（https://www.gender.go.jp/about_danjo/society/index.html 2024年9月30日閲覧）を参考に一部筆者改変。

明治政府により規定され推し進められてきた家父長制的家制度が第二次世界大戦後の新憲法下において廃止されてから約80年が経過した。

現在の日本では憲法に男女平等がうたわれているにもかかわらず，政策・方針決定過程への女性の参画はいまだに十分とはいえず，男女間の賃金格差も大きなままである。さらに育児・家事へ参画する男性割合も低いなど多くの課題が山積しており，男女共同参画社会の実現へはまだまだ越えなければならない頂が多くある状況である。一人ひとりが身近なこととして，誰もが生きやすい社会の実現に向けて学び取り組み続ける必要がある。

注
(1) 中坪史典ほか編集委員（2021）『保育・幼児教育・子ども家庭福祉辞典』ミネルヴァ書房，383頁。
(2) 社会福祉士養成講座編集委員会編（2014）『社会理論と社会システム（第3版）』中央法規出版，109頁。

(3) 関根光枝（2019）「現場を変える家族看護実践のちから」『家族看護学研究』24（2），238〜241頁。
(4) 日本型福祉社会は，1979（昭和54）年に出された「新経済社会7カ年計画」のなかで，「個人の自助努力と家庭や近隣・地域社会等の連帯を基礎としつつ，効率のよい政府が適正な公的福祉を重点的に保障するという自由経済社会のもつ創造的活力を原動力とした我が国独自の道を選択創出する，いわば日本型ともいうべき新しい福祉社会」とされている（https://www.ipss.go.jp/publication/j/shiryou/no.13/data/shiryou/souron/8.pdf　2024年9月30日閲覧）。
(5) 松嶋道夫（1985）「家族制度の変革と現代家族」『富山大学経済論集』31（1），12〜55頁。
(6) 内閣府仕事と生活の調和推進室（2021）『仕事と生活の調和（ワーク・ライフ・バランス）総括文書　2007〜2020』（https://wwwa.cao.go.jp/wlb/government/top/hyouka/07-20/zentai.html　2024年9月30日閲覧）。

参考文献
内閣府男女共同参画局（2022）『令和4年版　男女共同参画白書』（https://www.gender.go.jp/about_danjo/whitepaper/r04/zentai/pdfban.html　2024年9月30日閲覧）。
内閣府男女共同参画局（2023）『令和5年版　男女共同参画白書』（https://www.gender.go.jp/about_danjo/whitepaper/r05/zentai/pdfban.html　2024年9月30日閲覧）。
厚生労働省（2022）『令和5年版　厚生労働白書』（https://www.mhlw.go.jp/stf/wp/hakusyo/kousei/22/index.html　2024年9月30日閲覧）。

学習課題
① 身の回りの男女共同参画に関する事柄を調べてみよう。
② 家族はあなたをどのように，あなたは家族をどのように支えていますか。書き出してみよう。

第2章 昔と今で家族はどのように変わったのか

コラム　街にはハートがあふれています

　私の趣味は，暮らしのなかで見かけるハートを探すことです。朝起きて淹れるコーヒーのフィルターがハートの形になったり，味噌汁に浮かぶネギがハートの形をしていたり，空に浮かぶ雲と雲が引き寄せられてハートになったりと，至るところにハートは潜んでいて癒されています。障害のある方の相談支援専門員として活動していくなかでも，たくさんの"ハート"に支えられながら仕事をしています。

　桜のつぼみが膨らみ始めた頃，私が計画相談を担当する20代女性のTさんのお母さんから１通のメールが送られてきました。

　「先日，介助中に娘がいきなり倒れてきて……下敷きになった私は捻挫して痛かったのですが，こけた次の日，通所事業所がTは休みの日であったのに担当のMさんが，『お母さん捻挫で歩きにくくて大変でしょうから，女子会にTさんを連れていきます！この前担当者会議で考えた夢プラン実現のために』と朝からショッピングとランチへ急遽連れてってくださりました。お陰で私も痛い足で歩き回らずに済みましたし，何よりTの"大人女子になりたい！"の願いが叶ったことが嬉しかったです。更に，主治医の先生も休みの日にもかかわらず，留守電にいれていたら……お電話くださり，『お母さんが安心できるならいつでも携帯に電話してきていいからね』って。さすが，みんなチームTの応援団‼　娘と私は幸せを噛みしめてました」。

　実はその２年前に「いよいよわが家にハートが集まってきているようです♥」と送ってくださった写真がこの１枚です。暑い夏の日，ケアに疲れ気分転換にTさんと食べようとスイカを切った時，無数のハートが散りばめられていました。これからの暮らしを暗示していたのかもしれませんね。

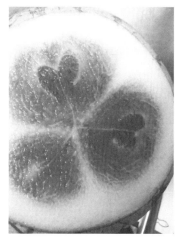

　障害のある方が，"人生の主人公として"ご自身の物語を紡ぐため，我々相談支援従事者は，心と心をつなぐ仕事をしていきます。ご本人の叶えたい夢や願いの実現に向け，一番身近な応援者であるご家族と関わる支援者の溢れるハートに包まれながら，今日もまた家庭訪問に車を走らせていきます。

（地域支援センターあいあむ　濵口直哉）

第3章

今の家族・家庭はどうなっているのか

　少子高齢化，単身家族や離婚の増加など家庭をめぐる状況は大きく変化していることを身近で見聞きすることはないだろうか。感覚的なものとして感じることも大事であるが，より詳しく立体的に知るためには，数値化したものを把握することも重要である。近年の動向について少し前の時代と比較しながら変化を探してみるとよい。1年ごとの小さな変化も大切である。それとあわせて，少し長い期間で見ると気づきがある。変わらないもの・変わったもの，様々である。そしてそれが変わってきたというだけではなく，今後どうなっていくのか，それが良いことなのかそうではないのかという視点でも考えてみることが大切である。数値を見ていくことで方向性が見えてくることがある。本章では，社会がどうあるべきなのか，自分自身がどう対応するのかを考えるヒントになる各種統計の動向を解説する。

1　近年の人口動態と少子高齢化

（1）人口動態

　戦後，日本は第1次ベビーブーム・第2次ベビーブームという年間出生数の非常に多い時期があった。第1次ベビーブームは1947（昭和22）～1949（昭和24）年で，各年とも270万人近くが出生していた。第2次ベビーブームは1971（昭和46）～1974（昭和49）年で各年210万人弱の出生であった。現在では想像するのも難しい数値である。概ね第1次ベビーブームの子どもの世代に当たるのが第2次ベビーブーム世代である。当然，第3次ベビーブームが到来し多くの

第3章　今の家族・家庭はどうなっているのか

表3-1　人口動態

	実　数（人，胎，組）				率[1)]		平均発生間隔	
	令和4年(2022)概数	令和3年(2021)確定数	対前年増減		令和4年(2022)概数	令和3年(2021)確定数	令和4年(2022)概数	令和3年(2021)確定数
			増減数	増減率(%)				
出　生	770747	811622	△40875	△5.0	6.3	6.6	41s	39s
死　亡	1568961	1439856	129105	9.0	12.9	11.7	20s	22s
乳児死亡	1356	1399	△43	△3.1	1.8	1.7	6h27m37s	6h15m42s
新生児死亡	609	658	△49	△7.4	0.8	0.8	14h23m3s	13h18m47s
自然増減	△798214	△628234	△169980	…	△6.5	△5.1	…	…
死　産	15178	16277	△1099	△6.8	19.3	19.7	34m38s	32m17s
自然死産	7390	8082	△692	△8.6	9.4	9.8	1h11m7s	1h5m2s
人工死産	7788	8195	△407	△5.0	9.9	9.9	1h7m29s	1h4m8s
周産期死亡	2527	2741	△214	△7.8	3.3	3.4	3h28m0s	3h11m45s
妊娠満22週以後の死産	2061	2235	△174	△7.8	2.7	2.7	4h15m1s	3h55m10s
早期新生児死亡	466	506	△40	△7.9	0.6	0.6	18h47m54s	17h18m44s
婚　姻	504878	501138	3740	△0.7	4.1	4.1	1m2s	1m3s
離　婚	179096	184384	△5288	△2.9	1.47	1.50	2m56s	2m51s

	令和4年(2022)概数	令和3年(2021)確定数
合計特殊出生率	1.26	1.30

注：1）　出生・死亡・自然増減・婚姻・離婚率は人口千対，乳児死亡・新生児死亡率は出生千対，死産率は出産（出生＋死産）千対，周産期死亡率及び妊娠22週以後の死産率は出産（出生＋妊娠満22週以後の死産）千対である。
出所：厚生労働省「令和4（2022）年人口動態統計月報年計（概数）の概況」（https://www.mhlw.go.jp/toukei/saikin/hw/jinkou/geppo/nengai22/dl/gaikyouR4.pdf　2024年4月14日閲覧）3頁。

子どもたちが生まれることが予想されていた。しかし，第2次ベビーブーム世代が子を持つ親になる時期にバブル崩壊後の大きな不況があった。このとき戦後日本を形作っていたシステムが大きく変わったとされている。年によって若干の増減はあるが，第2次ベビーブームの終了以来，約50年，出生数は長期低下傾向にある。近年では，出生数の低下傾向がより顕著になってきた。厚生労働省の「令和4（2022）年人口動態統計月報年計（概数）の概況」には「人口動態総覧」として表3-1のものが示されている。

第Ⅰ部　家族・家庭の現状

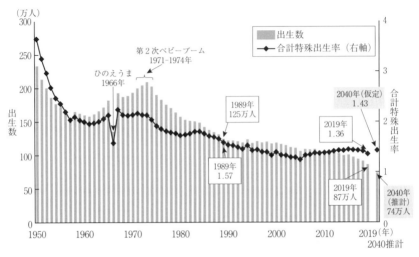

図3-1　合計特殊出生率の推移

資料：2019年までは厚生労働省政策統括官付参事官付人口動態・保健社会統計室「人口動態統計」（2019年は概数），2040年の出生数は国立社会保障・人口問題研究所「日本の将来推計人口（平成29年推計）」における出生中位・死亡中位仮定による推計値。
出所：厚生労働省（2020）『令和2年版　厚生労働白書』（https://www.mhlw.go.jp/stf/wp/hakusyo/kousei/19/backdata/01-01-01-07.html　2024年8月24日閲覧）。

　出生数について2021（令和3）年と2022（令和4）年を比較すると約4万人減少していることがわかる。2022（令和4）年は出生数が約77万人である。仮に出生数が今後毎年4万人前後減少し続けた場合，約20年後にどのような数値になっているか想像することは可能であろうか。2022（令和4）年の合計特殊出生率は1.26である。「人口動態統計」では期間合計特殊出生率について「その年次の15歳〜49歳までの女性の年齢別出生率を合計したもので，1人の女性がその年次の年齢別出生率で一生の間に生むとしたときの子ども数に相当する」とし，「実際に1人の女性が一生の間に生む子ども数はコーホート合計特殊出生率である」としている。[1]

　期間合計特殊出生率の推移を見ることも大切であり，図3-1のとおりである。隣国・韓国の合計特殊出生率は2023（令和5）年に0.72であった。少子化対策も次々と打たれているが，日本も今後これに追随することとなり，合計特殊出生率を反転させることは極めて困難と考えられる。

第３章　今の家族・家庭はどうなっているのか

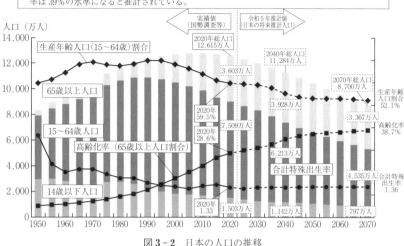

図3-2　日本の人口の推移

注：2020年までの人口は総務省「国勢調査」「人口推計」、合計特殊出生率は厚生労働省「人口動態統計」、2025年以降は国立社会保障・人口問題研究所「日本の将来推計人口（令和５年度版）」（出生中位（死亡中位）推計）。
出所：厚生労働省（2023）『令和５年版　厚生労働白書』資料編（https://www.mhlw.go.jp/wp/hakusyo/kousei/22-2/dl/07.pdf　2024年８月24日閲覧）。

　また、『令和５年版　厚生労働白書』資料編には図３-２のようなグラフが示されている。上部には「2070年には総人口が9,000万人を割り込み、高齢化率は39％の水準になると推計されている」という記載がある。

　同図には1950（昭和25）年以降の人口が載っている。1950（昭和25）年は終戦から５年経過し、海外からの引き揚げもかなり進んでいた時期である。戦後であるから、当然、外地の人口も含まれていない。沖縄を除く現在の日本の領域内における実際の人口がほぼ示されているといえる。約8000万人であった人口が、高度経済成長期に一気に１億人を突破したことがわかる。

　日本は明治を迎えたとき約3000万人台半ばの人口であったと考えられている。明治以降、外地や委任統治領などを合わせると約１億人の人口であったが、内地は終戦時に約7000万人であった。すなわち日本本土に関しては戦後人口が著しく増加したのである。

　ここからどのようなことを読み取ることができるであろうか。「14歳以下

人口」が急激に少なくなっていて今後もその傾向が続いていくこと,「65歳以上人口」が急激に増加し今後はその増加した状態でやや安定していくことが見て取れるのではないか。このため,高齢化率はどんどんと上昇しているのである。しかし,これらはいわゆる中位推計と呼ばれるものである。実際にはこれまで中位推計以上に少子高齢化が進んできた。今後もこのグラフに示されている以上に少子高齢化が進む可能性は小さくない。また自然増減については死亡によって自然減が進んでいくとも考えられる。今のところ,人口を増加させるためには日本に住む外国人を増加させるしかないのが実情である。しかし,外国人を大幅に増加させることについては様々な課題があり,国内の合意を得ることが難しいし,仮にそうなったとしても,外国人が日本で生活しやすくするために様々な対応をしていかなければならない。さらに,日本人の人口を増加させる方策がないとすれば,コンパクトシティなど人口減少に対応した社会づくりをしていかざるを得ない。

　なお,社会福祉のなかでも保育は幼児教育と密接に結びついている。少子化が保育に与える影響も大きなものがある。少子化によって地域において同年代の子どもと遊ぶ機会が減少する。幼稚園・保育所に通う子どもの数も少なくなるが,それでも同年代の子どもが集中している場であることに変わりはない。幼稚園・保育所が子どもの遊びにとって重要な機会となる。これまで,少子化にもかかわらず,保育所の需要は増加し続けていた。共働き家庭の増加によって入所希望が増加し,待機児童という問題も出現した。しかし,保育所・認定こども園の整備とともに,待機児童は減少傾向にある。今後少子化のさらなる進行により,そもそも子どものいない地域も増加することが予想される。たとえば,中国山地や瀬戸内海の島嶼部では子どもが数十年生まれていないため,「少子化」ではなく「無子化」が進行している。子どもがいなければ保育自体が成り立たない。子どもが少ない地域に居住している子どもの場合,同年齢や前後の年齢の子どもたちと関わる機会が少なくなる。精神性や社会的な発達の観点からも問題が生じてくるのではないだろうか。

（2）少子高齢化

　近年，少子高齢化が続いているといわれる。少子高齢化とは文字どおり，子どもの数が少なくなり，人口の高齢化が進むということである。人口構造が変わっても問題となることがなければ構わないであろう。しかし，危機が迫っているという論調が強い。何が問題になっているのか。生産年齢人口が減少するとGDPをはじめとする経済指標の伸びが鈍化し，ついには下降することが考えられる。高齢化を上回る技術革新による生産効率向上が進めばよいが，それはなかなか難しいといえる。消費も少なくなる。若年者向けの産業は行き詰まりを見せるケースも出てくるであろう。

　実は，少子高齢化も時間をかけて進んでいくのであれば，問題はかなり抑えることができるはずである。たとえば，200年くらいかけて人口が半分になるのであれば，その間に様々な技術が進み，人が少なくても対応できる仕組みにしていくことが可能になるかもしれない。ヨーロッパでも少子高齢化が進行しているが進行速度は日本ほどではない。公的年金や医療保険にしても，財政を支える人と支えてもらう人の割合が少しずつ変化していくのであれば，保険料や給付の増減も緩やかなものにしていくことができる。しかし，急速に変化が起きると対応は極めて困難になる。このため社会保障のシステムを破綻させないための対応策が必要になる。ただし，少子高齢化のペースがゆっくりとしたものであっても，社会保障をはじめとする社会システムの維持がだんだんと窮屈になるのは事実である。年金の支給年齢の繰り下げなどの対応策も取られている。

　一方，人口が増えるならば経済成長は進むであろう。しかし，環境問題が発生したり，過密な人口により住宅や教育など様々な面に影響が出ることとなる。日本でも高度経済成長期にこれらの問題が出現した。さらには，日本においても過剰な人口の問題を解決するため，戦前から外地や外国への移住が盛んに行われていた。移住先は，朝鮮・台湾・日本委任統治領南洋群島あるいは満洲・内蒙古などである。戦後も高度経済成長のころまで南米への移民も多く行われていた。特殊法人海外移住事業団は1974（昭和49）年に海外技術事業団と統合され現・国際協力機構の前身である国際協力事業団になった。このように日本

においても海外への移民政策はつい最近まで行われていた。人口を適正な状態に維持することは極めて困難だといえる。

2 家族の変容

(1) 単身家族の増加

　家族というからには家庭内に複数人が生活していることを思い浮かべるのではないだろうか。しかし，現在の日本では単身家族，すなわち一人暮らしの人も決して少なくはない。日本も戦前から戦争直後にかけては三世代同居やおじ・おば・いとこたち傍系血族も同居する大家族で生活している人たちもたくさんいた。その後，いわゆる核家族化が進行し，夫婦や夫婦とその子どもという世帯が多くなった。その後，一人暮らしの世帯が多くなっている。単身になるのはどうしてであろうか。実家暮らしをしていたが，就職や進学に伴い一人暮らしをするようになったという場合もある。この場合には，やがて結婚をして子どもをもうけ，もう一度，核家族世帯となることも多いと考えられる。その一方で，長い間夫婦だけで生活していたが配偶者が死亡した，家族数人で生活していたが結婚・出産がなく家族が皆死亡して一人になった，あるいは家族がよそに世帯を持って独立することになった，など様々なケースも考えられる。
　時代とともに単身家族になった理由も変化している。以前は，就職や進学に伴い一人暮らしをするようになった，というような配偶者や子どもを得るまでの一時的な一人暮らしが多く見られた。しかし，高齢化が進むにつれて，夫婦で生活していたが配偶者が死亡した，というケースが増加している。その場合は，本人が死亡した場合，世帯が消滅することになるであろう。

(2) 核家族化

　厚生労働省の「国民生活基礎調査」では核家族世帯とは3類型あり，「夫婦のみの世帯　世帯主とその配偶者のみで構成する世帯」「夫婦と未婚の子のみの世帯　夫婦と未婚の子のみで構成する世帯」「ひとり親と未婚の子のみの世帯　父親又は母親と未婚の子のみで構成する世帯」としている。

第 3 章　今の家族・家庭はどうなっているのか

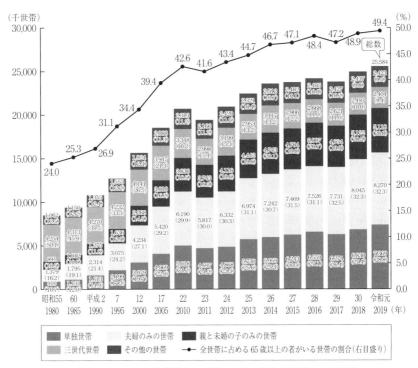

図 3-3　65歳以上の者のいる世帯数および構成割合（世帯構造別）と全世帯に占める65歳以上の者がいる世帯の割合

資料：昭和60年以前の数値は厚生省「厚生行政基礎調査」，昭和61年以降の数値は厚生労働省「国民生活基礎調査」による。
注：1）平成7年の数値は兵庫県を除いたもの，平成23年の数値は岩手県，宮城県及び福島県を除いたもの，平成24年の数値は福島県を除いたもの，平成28年の数値は熊本県を除いたものである。
　　2）（　）内の数字は，65歳以上の者のいる世帯総数に占める割合（％）。
　　3）四捨五入のため合計は必ずしも一致しない。
出所：内閣府（2022）『令和4年版　高齢社会白書（全体版）』（https://www8.cao.go.jp/kourei/whitepaper/w-2022/html/zenbun/s1_1_3.html　2024年4月9日閲覧）9頁。

　かつての日本は三世代世帯なども少なくなかった。1家族の人数も現在とは異なり，農山漁村や富裕層では1世帯20人程度のケースも珍しくなかった。しかし，現在では核家族が多く家族の人数も2〜5人程度である。単身世帯も少なくない。

第Ⅰ部　家族・家庭の現状

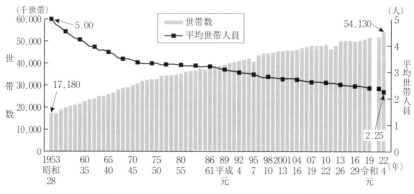

図3-4　世帯数と平均世帯人員の年次推移

注：1）1995（平成7）年の数値は，兵庫県を除いたものである。
　　2）2011（平成23）年の数値は，岩手県，宮城県及び福島県を除いたものである。
　　3）2012（平成24）年の数値は，福島県を除いたものである。
　　4）2020（令和2）年は，調査を実施していない。
出所：厚生労働省「2022（令和4）年　国民生活基礎調査の概況」(https://www.mhlw.go.jp/toukei/saikin/hw/k-tyosa/k-tyosa22/dl/02.pdf　2024年4月9日閲覧)。

（3）離婚件数と離婚率の増加

　厚生労働省の「令和元年（2019）人口動態統計の年間推計」によるとわが国の離婚率（人口千対）は，1960（昭和35）年0.74，1970（昭和45）年0.93，1980（昭和55）年1.22，1990（平成2）年1.28，2000（平成12）年2.10，2010（平成22）年1.99，2019（令和元）年1.70と推移している。2002（平成14）年は2.30でここが山となっている[2]。

　また，厚生労働省の「令和4年度　離婚に関する統計」によると1950（昭和25）年から2020（令和2）年の離婚件数の推移は図3-5のようになっている。離婚件数についても，現在のところ2002（平成14）年前後が山であったことがわかる。

　今後，日本人の出生数が減少し，かつその人たちが婚姻する割合も著しく減少すると，そもそも結婚自体をしていないので，離婚件数や離婚率も著しく減少する可能性がある。そうなると婚姻や離婚の件数・割合に関して，日本に居住している外国人の動向が現在以上に影響する可能性も軽視できないと考えられる。冠婚葬祭に関する産業のなかでも婚姻・出産に関連するものが衰退し，

34

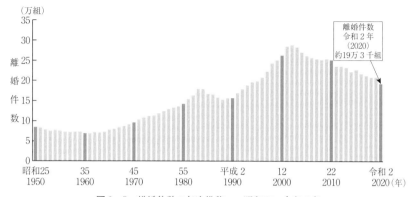

図3-5 離婚件数の年次推移——昭和25〜令和2年

出所：厚生労働省（2022）「令和4年度 離婚に関する統計」（https://www.mhlw.go.jp/toukei/saikin/hw/jinkou/tokusyu/rikon22/index.html 2024年3月30日閲覧）。

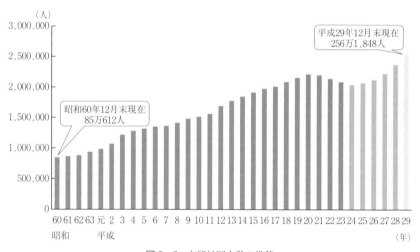

図3-6 在留外国人数の推移

注：各年末現在。平成23年までは外国人登録者数。平成24年以降は、在留外国人数。
出所：法務省入国管理局（2018）「在留外国人を取り巻く最近の状況と課題」（https://www.kantei.go.jp/jp/singi/keizaisaisei/miraitoshikaigi/suishinkaigo2018/koyou/dai5/siryou6.pdf 2024年8月24日閲覧）。

葬儀・法要に関するものの需要が増加すると考えられる。

　在留外国人は平成20年代半ばのリーマンショックなどの不況の影響を受けることによって一時減少したが、再度増加傾向にある。日本人の出生数が大きく減少するなか、外国人の日本における出生数が、相対的に大きな割合になりつ

つある。

3　地域社会とのかかわりの希薄化

（1）人々の意識

　人々が地域社会とのかかわりを持つことが少なくなり，関係性が希薄化しているともいわれている。たとえば『令和5年版　厚生労働白書』概要版でも表3-2のようにいわれている。

　このように『厚生労働白書』でも，地域では，形式的な付き合いを望む人が増えていること，人間関係が希薄化していることが指摘されている。

　人間関係が希薄化するとどのようなことになるか。まずメリットも皆無ではない。日本社会は「ムラ社会」ともいわれるように濃密な人間関係のなか，地域社会で生きづらさを感じている人も決して少なくなかった。一方でデメリットも少なくない。孤独を感じやすい人が増加するであろう。社会福祉との関係では，地域社会内で行われてきた支え合いが失われ，公的な社会サービスを増加させなければならなくなることが挙げられる。それは税や社会保険料といった負担の増加にもつながる。

（2）人口減少との相乗効果

　地域社会とのかかわりの希薄化と人口減少は負の相乗効果をもたらす可能性

表3-2　社会保障を取り巻く環境と人々の意識の変化

- 我が国の人口は，2008（平成20）年をピークに減少に転じ，本格的な少子高齢化・人口減少時代を迎えようとしている。
  - ＊総人口：1億2,495万人（2022年）→　約8,700万人（2070年・推計値）
- 世帯規模の縮小化・単身世帯割合の増加，人口規模の小さい市町村の増加などにより，家族や地域における支え合いの機能の低下が懸念される。
  - ＊1世帯当たり人員：2.99人（1990年）→　2.08人（2040年・推計値）
  - ＊単身世帯割合：23.1%（1990年）→　38.0%（2020年）
- 地域では，形式的な付き合いを望む人が増えてきており，人間関係が希薄化する中で，孤独・孤立の問題も顕在化してきている。

出所：厚生労働省（2023）『令和5年版　厚生労働白書』（概要版）（https://www.mhlw.go.jp/content/001124666.pdf　2024年4月20日閲覧）1頁。

がある。人口減少により，とりわけ地方においてはこれまで以上に過疎化が進み，いわゆる限界集落となる地域が増加する。さらにその物理的に極限まで人口が減少した地域において地域社会とのかかわりを拒む人々の割合が増加したとき，果たして地域社会として存続することができるかという問題が生じるであろう。

これら思考様式に基づく行動形態は余程の社会情勢の変化がない限り進行すると考えられる。地域社会の紐帯の希薄化と人口減少を前提とした社会づくりを考えざるを得ない。介護・医療・教育などの需要をどのようにして満たしていくか早急に検討する必要がある。

注
(1) 厚生労働省（2023）「令和5年（2023）人口動態統計月報年計（概数）の概況」（https://www.mhlw.go.jp/toukei/saikin/hw/jinkou/geppo/nengai23/dl/gaikyouR5.pdf　2024年8月24日閲覧）。
(2) 厚生労働省（2019）「令和元年（2019）人口動態統計の年間推計」（https://www.mhlw.go.jp/toukei/saikin/hw/jinkou/suikei19/dl/2019suikei.pdf　2024年3月30日閲覧）。

参考文献
吉田眞理（2023）『児童の福祉を支える子ども家庭福祉（第2版）』萌文書林。
井村圭壯・今井慶宗編著（2020）『保育と子ども家庭支援論』勁草書房。
日本保育ソーシャルワーク学会編（2014）『保育ソーシャルワークの世界——理論と実践』晃洋書房。

学習課題
① 少子高齢化がこのまま進むとどのような困ったことが生じるか。社会保障，教育・保育，経済の観点から考えてみよう。一方で，少子高齢化も有益な面もわずかながらあるかもしれない。両方の面から考えてみよう。
② 単身で同居家族もいない人が増加しつつある。親も一人っ子同士で結婚していて本人も未婚の場合，一番近い同世代の親族が六親等のまたいとこ（はとこ）という場合も生じる。現在の法律では七親等からは親族でもない。高齢になり親族が皆無であるとどのようなことが生じるであろうか。

コラム　ソーシャルワークと法制度

　ソーシャルワークを学んでいる皆さんのなかには必ずしも法律や制度が得意ではないという人がいるかもしれません。覚えることが多い・複雑に絡み合って堂々巡りのような気がする・言葉が難しい，いろいろな理由があると思います。多くの人にとって法律や制度自体がもともとわかりにくいものだと思います。それに加えて，ファミリーソーシャルワークの分野でも近年新たな制度や仕組みがどんどん作られていることも一因となるかもしれません。実は法律が専門の人も，多くの場合，規定を一言一句覚えているわけではありません。基本となることを知っておけば，あとは必要なときに調べていけばよいのです。動きが速い現在の社会では，むしろ調べ方や全体像を知っておくほうが重要かもしれません。対人援助の仕事をしていくなかでどうしても様々な制度を利用していかなければならない場面があります。新聞を読んだりニュースを見て知っていることがあれば「最近聞いたことがある」「ひょっとして改正があったのではないか」とだんだんと見当がつくようになります。いろいろなことに関心を持ち情報を仕入れようとすることが大切です。細かいことまで全部覚えなくても大丈夫，という気持ちで臨んでください（もちろん覚えられる人はしっかり覚えてください）。思い出す糸口があればたどっていけます。最初から「嫌だな」と思ってしまわないことです。

　私はもともと法律が専門で社会福祉を本格的に学ぶようになったのは30歳代になってからです。最初は保育について学ぼうと思いました。私の場合はソーシャルワークが迷路のようにも見えました。ファミリーソーシャルワークを含め子ども家庭福祉の分野を学ぶなかで思ったことは，法制度とソーシャルワークのどちらかを知っていればよいというものではないということです。法律だけ知っていてもより良い相談援助はできないでしょうし，ソーシャルワークを実践する上で法制度を活用することも多々あるでしょう。やはり両方知っておかないと物事がうまく進みません。また，ソーシャルワーク実践をする上で，福祉の知識だけではすぐに限界に来てしまうことがあります。可能ならば行政や医療に関する制度を知っておくとよいでしょう。より深く学ぶことができ実践にも役立ちます。

（関西女子短期大学　今井慶宗）

第4章

なぜ家族・家庭支援が必要なのか

　ソーシャルワーカーは，その実践の様々な場面において家族の抱える問題に出会う。家族を支援を考えるにあたってのキーパーソン，あるいは協力者として常識的に位置づけてしまうことがあるが，家族関係は相互的なものであり家族もまた何らかの支援や情報を求めている場合が多い。本章では，家族・家庭が支援を求める背景について理解し，ソーシャルワーカーとして家族とどのように向き合い支えていくのかを考える。

1　ソーシャルワークにおける家族の理解

(1) 個人の発達と家族ライフサイクル
　家族は，成立（結婚）—拡張（子どもの誕生）—拡散（子どもの成長）—回帰（子どもの巣立ち）—交替（死）という家族ライフサイクル（家族周期）を歩む[1]。結婚や子どもの出産は家族にとって祝福すべき出来事であるが，一方でこれまでの生活やそれぞれの役割に変化が求められることにもなる。個人と家族は相互的なものであり，絶えず影響を受けながら日々の生活が営まれているのである。一般的に家族は3つの危機に直面する可能性をもっている。第一に家族ライフサイクルによる生活周期上の変化のなかで生じる家族危機がある。第二に家族ライフサイクルの変化の段階に何らかの課題が残っていると，次の段階に進むにあたって，危機的状況を生じることがある。第三に家族の突然の不幸，天災や災難などの予期せぬ突発的な出来事によって危機的状況に陥ることもある[2]。家族ライフサイクルによって家族には危機をのりこえるための対応と変化

第Ⅰ部　家族・家庭の現状

図4-1　家族ライフサイクル（家族周期）
出所：鈴木孝典・鈴木祐介編著（2023）『図解でわかるソーシャルワーク』中央法規出版, 17頁を一部筆者改変。

が求められ，同時に危機をのりこえて発展していく（図4-1）。

　人を取り巻く影響において最も身近で直接的かつ即時的に影響しあっているのが家族なのである。

（2）家族の全体性の理解とその支援

　日本において家族関係や本人の成育歴に課題があるのではないかと疑われるケースが指摘されるようになったのは，高度経済成長によって社会が大きく変化した1970年代頃からである。児童相談所，母子寮（現在の母子生活支援施設），児童養護施設などにおいて，これまでと異なった新しい質的な問題を抱えたケースが存在するようになった。たとえば，児童虐待，DV（ドメスティックバイオレンス），これまでの常識とは異なった子育ての顕在化や，精神的な疾患を抱えた保護者たちへの対応が増えていったことなどが挙げられる。1980年代後

第4章　なぜ家族・家庭支援が必要なのか

図4-2　表面化した課題とその背景にある課題との関連
出所：笠師知恵・小林明子（2014）『相談援助　保育相談支援』中山書店，37頁。

半になると児童虐待が次第に社会問題となり，それらの背景には家族関係の問題が深く関わっていることが次第に明らかになる。同様の問題は，1990年代以降も顕在化し，子育ての孤立がいわれるのと同じく，核家族化の進展に伴う高齢者の孤独死の問題，支援の必要があるにもかかわらず介入を拒否したり，極端に偏った生活習慣や，家族との長い葛藤がケアを妨げるなど，支援において家族との関係を考慮しなければならないケースが増えていった。

そのため，ソーシャルワーカーは表面化した問題や，クライエントの主訴に着目するだけでは本質的な問題への対応が難しくなり，社会や家族の背景にある問題の構造を十分に理解した支援が求められるようになったのである（図4-2）。

2　家族・家庭の機能と役割

（1）心身の健康の基盤をつくる家族

家庭は人間の健康の基盤をつくる「場」としての機能をもっている。衣・食・住の日常的な環境がそのまま栄養や睡眠の条件として心理的な安定と休息などに深く関わっている。そのため，入浴や食事の習慣，食べ物の好き嫌い，言語環境や趣味を含めた文化的条件も家庭環境のなかでつくられる。特に乳幼児期は，生命の維持・情緒の安定のほぼすべてが養育者である親に委ねられており，子どもの自我形成は親との関係に深く根ざし，愛情や喜びの表現，怒りや不安などの否定的な情緒の処理も親から子へ伝えられ発達に深く関わってい

第Ⅰ部　家族・家庭の現状

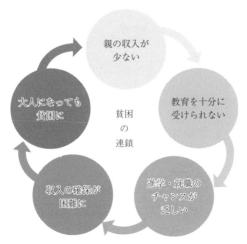

図4-3　貧困の連鎖
出所：内閣府「"こどもの貧困"は社会全体の問題　こどもの未来を応援するためにできること」（https://www.gov-online.go.jp/useful/article/202303/3.html 2025年1月9日閲覧）。

る。

　また，家族は病気の発見，受診・受療，療養中の介護を担うという役割もある。健康上の問題が生じたときに必要な医療や福祉サービスを受けることができるのかを決定し，家族の対応が療養生活の質と予後を左右することになる。こうした家族で形成された価値にもとづく対応のパターンは，次世代の家族員の教育的な機会となって，後の家族が何らかの支援が必要になったときの対応に引き継がれたりもする。

　さらに，貧困の連鎖と呼ばれるように，親の収入が少ないことが，子どもの教育の機会を奪い，進学や就職への不利につながったことが，親から子へ，子から孫へと連鎖するリスクを抱えることもある（図4-3）。

（2）家族を理解することの難しさ
　ファミリーソーシャルワークでは，現代社会の様々な問題の重層性を理解した上で，支援を必要としている本人や家族の状況を客観的に把握しなければな

らない。しかし，家族を理解することは容易なことではない。それぞれの家族は長年にわたって形成されてきた行動の規範や価値の体系にもとづいた生活習慣をもっており，これらは家族の社会階層，年齢，職業，地域の風土などの影響を受けながら築かれてきたものである。日常生活に関する価値観は，日々の掃除や入浴，金銭感覚，飲酒，近隣や親族関係との交際，服装，食事内容や調理法などの一つひとつについて驚くほど相違があり，家族を理解することにソーシャルワーカーは戸惑うことも多い。

　たとえば，高齢者へのケアでは80～90歳代の戦前に生まれた世代のケアを担っている家族は60～70歳代が中心であり，戦後に生まれた日本の高度成長やバブル経済を経験してきた世代である。さらに，本人や家族からの依頼を受けてケアプランを立案する介護支援専門員などの専門職は40～50歳代であり今日の日本の社会経済の中核を担っている。そして，直接的なケアを提供する介護職員は20～30歳代の平成生まれの世代が多くを占めている。[5]ケアの年齢構成を考えてみてもそれぞれの世代間における生活に対する価値観を共有することが難しいことは容易に想像できる。生活の仕方は極めて個人差が大きく，性別や年代はもちろん，家庭環境や社会階層，民族や地域的な差異も関わっており，これらのどれをとっても，それが正しい生き方だといえるものはないからである。

3　ファミリーソーシャルワークにおける考え方

（1）多重問題への支援

　近年の家族が抱えている問題の特徴として多重問題であることが挙げられる。一つの問題が他の問題を呼びおこし，複数の問題を複雑かつ同時に抱えていることがその特徴である。そのため，地域社会や親族関係のなかでも孤立している傾向が高く，問題が固定化された関係のなかで悪循環となっていることもある。さらに，支援に対して抵抗を示したり，福祉サービスを依存的に利用しているケースなどもある。それらは，一つの問題が複数の問題とお互いに刺激しあってより問題を複雑にさせていたり，複数の要因によって重層的に問題が形

第Ⅰ部　家族・家庭の現状

表4-1　多重問題ケースにみる家族の特徴

①	問題の複合性・多様性	複数の家族員に問題が発生していたり，一人に複数の問題があったりすること。
②	多様な問題の同時的表出	一つの問題が他の問題を呼びおこしている場合があり，新たな問題が発生したことを契機に，過去の問題を再燃させていることもある。
③	固定化した家族関係と社会関係	課題を抱えた人間関係や家族関係が固定化されることで相互の問題行動を刺激しあいながら，悪循環を起こし，事態を悪化させている。
④	問題の世代的継承	問題が世代を超えて伝達・蓄積されていることが多く，離れて暮らしている親族や，すでに亡くなっている家族もが影響していることがある。
⑤	ニードの慢性化	社会的サービスに慢性的に依存した状態を示している。
⑥	処遇に対する抵抗	家族もしくは個人は，外部の者（とりわけ，公的な立場にある者）に対して強い不信感・敵意を抱いており，積極的にかかわったり，活用したりしないし，すぐにトラブルをおこしたりしてしまいがちであり，極度の孤立状態におかれている。
⑦	障害と態度	社会生活上基本的に障害となるような社会的態度（情緒的未成熟）がみられる。また，提供されている援助，もしくは処遇に持続して応じていくことができないでいる。

注：①⑤⑥⑦は，ニューヨーク州慈善援護協会が，ニューヨーク州で実施されていた「多問題家族」に関する10の実施計画の報告や，論文を比較研究した結果に基づいて，小松源助が多問題家族の特徴を整理したものである。その他は，筆者による見解。
出所：小松源助（1985）「多問題家族へのアプローチをめぐる動向」小松源助・中村優一・根本博司編『多問題家族へのアプローチ』有斐閣，1頁をもとに筆者作成。

成されていることも多い。「困難事例」「処遇困難」と呼ばれるケースの場合，一見関連がないかのようにみえるいくつかの課題が同じ問題から発していることや，複雑にいくつかの問題を呼びおこしていることもある。表4-1は多重問題を抱えた家族の特徴を整理したものである。

多重問題ケースでは，従来とってきた家族の様々な対処行動が，問題の発生となって複雑化していることが多い。一方で地域社会や親族関係のなかで孤立している傾向にあり，問題が固定化されたなかで，悪循環となっている状態であるともいえる[6]。しかも提供される支援を利用することができないままでいたり，逆に慢性的に社会サービスに依存している状態にあるケースもある（図4-4）。

したがって，問題の構造を早期に見出し，適切な対応を可能にするための，アセスメントから支援計画，社会資源の活用，開発，組織化，さらに個別およ

第4章　なぜ家族・家庭支援が必要なのか

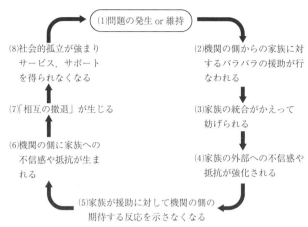

図4-4　家族と機関との関係による問題維持のプロセス
出所：渡辺顕一郎・松岡克尚（1991）「多問題家族へのアプローチ——家族とコミュニティ資源の関係から」『社会福祉学』32（2），10頁。

び集団のカウンセリングや家族療法的アプローチを含む支援の実施，関連機関との連携，次々にあらわれる危機の予測と対応など支援では高度の熟練を必要とする技術が求められる。

（2）ファミリーソーシャルワークで求められるスキル

クライエントや家族が語る主訴やニーズは必ずしも本人には自覚されていないことも多い。加齢に伴う日常生活上の不自由さは緩やかに生活全体を覆ってくるものであり，本人や家族はそれに合わせてゆっくりと生活の仕方や習慣を変えていき浸透させている。高齢者の事例であれば多くの場合，活動的であった仕事からの引退が伴っているため，限られた運動や偏った食生活であってもいつしかそれが生活習慣となってしまい問題として自覚されていない場合が多い。

家族が同席しての面接では，要求を潜在化してしまっている場合もある。「これ以上の要求は贅沢」「家族だから当然頑張らなくてはいけない」「迷惑をかける」といった遠慮が働くこともある。子どもへの過干渉や虐待などのケースでは「しつけとして当然のこと」「家の教育方針である」と主張する親もい

る。自分は頑張っている親，いいことをしていると思っていることからそのあり方自体に潜む問題性に気づいていないこともある。

そうした状況下で，「どんな生活をしているか」「何か問題はないか」「家族関係はどうか」と問いかけても到底その問題には切り込めない。ファミリーソーシャルワークの実践では，一般的に用いられるチェックリスト方式に頼るアセスメントでは支援が成立しない。本人や家族がどのような言葉で困難さを表現しているのかに注目しながら，置かれている生活状況，家族関係，支援を受けることの本人や家族の反応，生じている歪み，心理的葛藤などへの共感的な理解が不可欠である。また，支援では本人や家族が否認し続けている現実に直面させる（コンフロンテーション）ことを目的とする面接技法や，クライエントとともに日常生活状況と家族関係をアセスメントし，かつその結果についてともに検討する面接など様々なアプローチによる面接を選考し実践する柔軟性が求められる。

4 ファミリーソーシャルワークで大切にしたいこと

（1）家族の発達を見守る

クライエント本人やその家族が福祉サービスを必要とするとき，自分たちでは手に負えないと思う問題を抱えてその一歩を踏み出してくる場合が多い。また，家族がこれまで経験してこなかった福祉サービスの利用という一種の危機に直面しているといっても過言ではない。しかし，福祉サービスの利用の機会は，これまで何も関係がなかった社会制度や専門職と直接かかわりをもつ新たな体験でもある。これまで誰からも目が届くことなく，家族内で隠されていた緊張や葛藤，複雑化して抱えていた問題に支援の手が届くという契機でもある。

さらに，福祉サービス利用の機会は家族がお互いのつながりや役割を改めて認識する機会にもなる。そうしたときに家族がどう振る舞い，どう助け合うか，それはよくも悪くも家族の新しい次元を開く。家族が形成されていく過程で，また家族の長い歴史のなかで，それは家族関係における大きな転換期になることもある。よって支援へのきっかけは家族のエンパワメントという意味でも重

要な局面であるととらえることもできる。

(2) 家族へのまなざし

　子どもの誕生は，家族にとって大きな出来事であり，育児は両親に新たな責任と喜びをもたらすものであるが，同時にこれまで経験したことのない不安と心配を伴い，子どもに多くの時間と労力を費やすことになる。両親はこれらの体験を重ねるなかで，それぞれ父親・母親になっていく。

　また，親の老いに伴う心身の不調，介護などによる福祉サービスの利用は，それまでの親子関係の逆転を含み，親にとっても子どもにとっても，心理的に受け入れ難く，現実的に直視できない困難な問題でもある。一方，これまでの家族の歩み（思い出）を振り返り，家族の歴史を意味づける機会となる。子どもの誕生が，両親に生命の神秘と尊厳を教える機会になるように，親たちはその老いと死によって，人生には限りがあること，別れが避け難いことを子どもたちの世代に教えるのである。家族全体が高齢者の病気と障害と死と，それにまつわる戸惑いと苦しみと重荷とを受けとめ，次の世代につなげることはソーシャルワーカーにとって大切な役割である。

　このように，ファミリーソーシャルワークでは，時に直面している課題をクライエントや家族の発達の過程として位置づけた支援をすることがある。「抱えている問題の改善を目指す」「不安を軽減して安定を図る」ことも重要な支援である。しかし，これからの生活について悩むこと，自身の人生設計とつきあわせて迷うこと，時には家族で意見を交わしながら揺れ動くこと，それら一つひとつも大切なのである。抱えている問題と向き合い，のりこえる過程で家族の発展を見守ることもファミリーソーシャルワークでは重要な支援であるといえる。

注
(1) 得津愼子（2019）「家族支援——家族や家庭への効果的な関わりやサポート」小口将典・得津愼子・土田美世子編著『子どもと家庭を支える保育——ソーシャル

ワークの視点から』ミネルヴァ書房，167頁。
(2)　(1)と同じ，167頁。
(3)　窪田暁子（1995）「心身の不調とソーシャルワーク」田村健二監修『人間と家族——21世紀へ向けて』中央法規出版，259頁。
(4)　(3)と同じ，260頁。
(5)　窪田暁子（1993）「社会福祉援助活動における研究——社会福祉援助と共感的相互理解」『東洋大学社会学研究所研究報告書』15，98頁。
(6)　窪田暁子（1994）「多重問題ケースへの社会福祉援助」『東洋大学社会学部紀要』30（1），157〜175頁。

参考文献
植田章・岡村正幸・結城俊哉編著（1997）『社会福祉方法原論』法律文化社。
栗山隆（2015）「スクール（学校）ソーシャルワーカーと家庭支援専門相談員（ファミリーソーシャルワーカー）の協働——『溶融する家族』と生きる子どもを支えるために」『北星学園大学文学部北星論集』53（1），49〜62頁。
北川清一・小林理編著（2008）『子どもと家庭の支援と社会福祉——子ども家庭福祉入門』ミネルヴァ書房。

学習課題
①　老老介護の現状について調べてみよう。
②　家族と聞いて「誰」を「何」を連想するか挙げてみよう。

第4章　なぜ家族・家庭支援が必要なのか

コラム　祖母を看取った日々の想い

　末期のすい臓癌となり，祖母は2か月の療養生活を病院で過ごしました。癌の痛みに耐えながらも，病院に行くことを最後まで拒んでいました。おそらく，入院となれば二度と家に帰ってこられないと察していたのでしょう。「お婆ちゃん，病院に行って点滴だけしてもらおう」という一声に私の目を見て小さく頷き，病院に行くことを了承してくれました。その2か月後，家に帰ることはなく祖母は亡くなりました。

　病室を訪ねるといつも「来てくれたか」と言いながら笑顔で，そして決して病人のように振る舞うことはありませんでした。しかし，しだいに痩せ，体力も衰え，寝たきりになりつつあることは誰もがわかっていました。祖母は何よりも家族を思い，大切にしていました。だから家に連れて帰って，家族が集った声を聞かせてあげたい，夕食の支度の匂いをかがせてあげたい，相撲中継を聞かせてあげたい，窓から見える山の風景を見せてあげたい，そうしたら何かのきっかけで病気がよくなるのではないかと強く思っていました。その思いは叶うことはありませんでしたが，最後のその日まで3人の子どもを育てた母親であり，5人の孫を気遣うお婆ちゃんでした。

　ソーシャルワーカーとして大切な人を在宅で介護する多くの家族に出会ってきました。在宅での介護はケアのためにつくられた施設とは異なり家族は様々な緊張を抱えています。施設であれば介護者は風邪を引いても利用者にうつすといけないと休むことができますが，在宅での介護ではそうはいきません。ある家族は，「洗濯物を干しに5分そばを離れるだけでも怖い」とおっしゃっていました。また，日本はいつ大きな地震があるかわかりません。そのため「1反の晒（さらし）を買ってきて車椅子のポケットに備えている」と話す家族もいました。「どうしても危険になったときは寝たきりの母の身体を自身の背中にくくりつけて逃げるため」だそうです。在宅福祉に携わる福祉の専門職は，家族のこうした精神的な負担をどのぐらい理解していただろうか。改めて気づかされました。

　家のことも，身の回りのことも，ゆっくりだけれど確実にしていた86歳の祖母。別れの日が近いことを知っていたらしいいくつもの徴（しるし）。寝たきりになっても，しもの世話を家族には絶対にさせませんでした。最後まで自立を貫き，優しくも強かったお婆ちゃん（小口寿々子）は今でも私の支えとなっています。

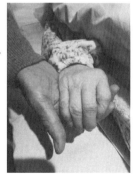

（関西福祉科学大学　小口将典）

第Ⅱ部

家族へのソーシャルワーク

第5章

家族への支援を考えるための手がかり

　ソーシャルワークのすべての領域において，家族（関係）は支援において重要となる。そのため，クライエントと家族を含めたアセスメントが求められる。その時，ソーシャルワーカーがアセスメントのツールとして用いるのがジェノグラム，ファミリーマップ，エコマップなどのマッピング技法である。家族関係や個人を取り巻く社会資源との関係性を目に見える形で可視化することによって，家族の理解や個々の家族メンバーの理解が深まり，支援を考える手がかりを見出すことができる。本章では，マッピングの種類と描くためのスキルについて学ぶ。

1　家族アセスメントの重要性

（1）ソーシャルワーカーのアセスメントツール

　家族関係を把握するツールとして「ジェノグラム」「ファミリーマップ」「エコマップ」などが用いられる。ジェノグラムは，一般的に2～3世代以上の家族構成を盛り込んだ家系図のことであり，ファミリーツリーとも呼ばれている（図5-1）。さらに，ファミリーマップは，ジェノグラムの上に家族内の距離感や感情を記号で表すことにより，相互の関係をより立体的に理解することができる（図5-2）。エコマップは，家族を取り巻く社会資源との関係性を目で見える形で表すものである（図5-3）。このように，支援の必要な個人と家族の関係，家族同士の関係

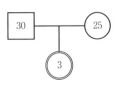

図5-1　ジェノグラム
出所：筆者作成。

第5章 家族への支援を考えるための手がかり

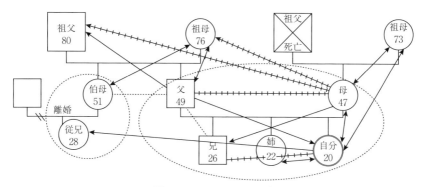

図5-2　ファミリーマップ

出所：都村尚子（2007）『社会福祉援助技術入門』新元社，109頁。

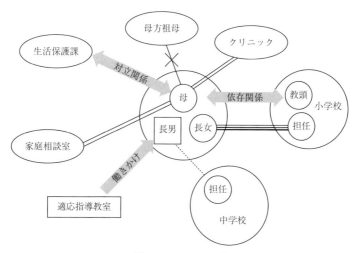

図5-3　エコマップ

出所：早樫一男編著（2016）『対人援助職のためのジェノグラム入門──家族理解と相談援助に役立つツールの活かし方』中央法規出版，26頁。

をとらえるには「ジェノグラム」「ファミリーマップ」を，個人やその家族が環境のなかでどのように生活しているのか，それぞれのつながりや与えられている影響も含めてとらえる時には「エコマップ」を利用することができる。こうした方法は，文章で書くよりもコンパクトにたくさんの情報を集約することができ，家族関係や個人を取り巻く環境を視覚的に表すことで，複雑な家族模

様を一目で把握することができる。

　また，面接のなかで利用者に話を聞きながら一緒に描いていくことで，利用者が環境をどのようにとらえているのかについても聞くことができる。さらに，ソーシャルワークの実践では多職種との連携が欠かすことができない。組織内の会議（カンファレンス）はもちろん，関係機関との会議などにおいて情報を共有する際にも重要な資料になる。それぞれがもっている情報を統合することもでき，わかりやすく記録や資料として記載されていれば，限られた時間のなかであっても新たな気づきや変化などを整理することができる。ソーシャルワーカーは，「ジェノグラム」「ファミリーマップ」「エコマップ」を描くこと，読み解くことで，個人および家族のアセスメントや支援計画へとつなげることができるのである。

（2）マップ作成に求められる3つのスキル

　ジェノグラム・ファミリーマップ・エコマップの作成には，面接（たずねる），作成（描く），理解（読み解く）の3つのスキルが必要である（図5-4）。

　それぞれのマップは，情報があってこそ作成する（描く）ことができる。対象となる人（家族）への理解を深めるには面接における質問力が求められる。さらに，得られた情報をどのようにマップで描いていくのかにはデザイン力が求められる。マッピングではそれぞれのルールはあるがどのように描くのかには正解はない。あわせて，描かれたマップを読み解き，支援の方向性を考えるためには豊かな「想像力」や柔軟な「発想力」も求められる。

　面接などを通して，得られた情報をマップとして作成すれば，それで完了するというものでもない。家族関係や環境からの影響などに関心をもち，理解を深めようとすれば，様々な疑問や確認しなければならない情報に気づくことになる。単に家族関係の記録や整理（作成）に終わるのではなく，次の面接に向けて，さらにケースの理解や分析にどれだけ活用できるかが重要なのである。何か見落としていることはないかと考え，他の視点による見立てはできないかと考え，新たな情報を得ることができれば絶えず更新していくことで支援において有効に用いることができる。

第5章 家族への支援を考えるための手がかり

図5-4 ジェノグラム・ファミリーマップ・エコマップ作成に求められるスキル
出所：早樫一男編著（2016）『対人援助職のためのジェノグラム入門——家族理解と相談援助に役立つツールの活かし方』中央法規出版，8頁より一部筆者改変。

2 ジェノグラムとファミリーマップの描き方の基本

　本節では，ジェノグラムとファミリーマップの描き方について，例を見ながら，また自分でも作成しながらその基本を学ぶ。

（1）ジェノグラムの描き方

　ジェノグラムは家族関係図とも呼ばれ，家族および親族の系譜を図式化したもので，ボーウェン（M. Bowen）によって開発された。ジェノグラムは，当該家族を中心に2～3世代以上の親族を表し，家族成員間の関係性を把握することができる。

　以下に，ジェノグラムで用いられる記号について例を挙げる。

① 性別・年齢

- 男性は四角，女性は丸，性別不明は三角で表記する。
- 年齢は記号の中に記入する。
- 本人（支援の対象者）は二重に囲む。

第Ⅱ部　家族へのソーシャルワーク

② 生死

- バツ印をつけたり，記号の中を黒く塗りつぶしたりすることで死亡を表す。
- 妊娠中の場合には三角形で表す。

③ 婚姻関係

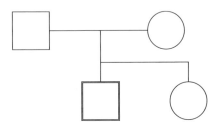

- 男性と女性の記号を線でつなぐことで，結婚していることを表す。
- 子どもは線をぶら下げ，先端に記号をつける。
- 「きょうだい」がいる場合は，横並びにつなげる。

④ 別居・離婚

- 一重の斜線で別居していることを表す。
- 二重の斜線で離婚していることを表す。

⑤ 同居

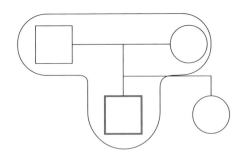

- 同居している人の記号を囲んで表す。

第5章 家族への支援を考えるための手がかり

次に,ジェノグラムの作成例を示す。

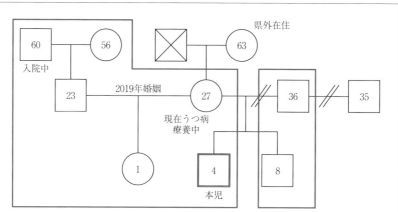

出所:保育士バンク!「ジェノグラムとエコマップを保育で活用! 書き方やそれぞれの違いについて」(https://www.hoikushibank-column.com/column/post_2029 2024年7月30日閲覧)。

上記のジェノグラムから,これらの要件を読み取ることができる。
- 母は2度離婚しており,本児は前夫との子ども。
- 母はうつ病に罹患しており,現在療養中である。
- 本児には8歳になる兄がおり,兄は母の前夫に引き取られた。
- 同居している1歳の妹は母と現夫との子ども。
- 現在の父の両親と同居しているが,祖父は入院中である。
- 母方の祖父は死去しており,祖母は県外に住んでいる。

ここで自分の家族を中心に,3世代にわたるジェノグラムを描いてみよう。

57

（2）ファミリーマップの描き方

　ファミリーマップはジェノグラムの上に相互の関係を表す記号を加え，家族内の距離感や感情を記号として表すことによって，より立体的に家族を理解することができる。たとえば，親密な関係は2〜3本線や太い線，普通の関係は1本線，希薄な関係は点線などがある。また，葛藤や切断，権威や依存関係なども，表5-1のように矢印に方向を加えることで表すことができる。

　次に，ファミリーマップの作成例を示す。

表5-1　ファミリーマップの記号

普通の関係	───────
強い結びつき	━━━━━━━
希薄な関係	‥‥‥‥‥‥‥
対立関係	/////////
働きかけの方向	─────→

出所：筆者作成。

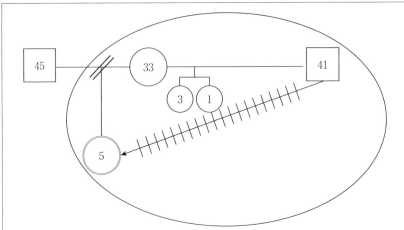

出所：保育士くらぶ「【保育園】エコマップ・ジェノグラムの活用方法や書き方を紹介！　作成例やポイントも」（https://hoikukyuujin.com/hoiku_club/14475　2024年7月30日閲覧）。

　上記のファミリーマップから，これらの要件を読み取ることができる。
- 本児は母親と継父と継父の間にできた妹2人の計5人で同居している。
- 継父は本児に対して虐待を行っている疑いが濃厚である。
- 離婚した本児の父親とは音信不通のようである。

　ここでは2人組になって，①相手の家族・親族についてインタビューをし，

相手を中心としたジェノグラムを描いてみよう。②さらに，家族員の関係について矢印などの記号を用いて表してみよう。③最後に，相手に描いたファミリーマップを見せてお互いに感想を話し合ってみよう。

3 エコマップの描き方の基本

（1）エコマップとは

　エコマップは，エコロジカル・マップの略であり，1975年にハートマン（A. Hartman）によって開発された。クライエントを中心として，その周辺にある社会資源（家族，兄弟姉妹，友人，近隣住民，関係機関など）との相関関係を図示することで，全体性をとらえることや問題の構造を理解することができる。また，それらの情報を複数の支援者が共有しやすくなるといった利点が挙げられる。利用者の抱える問題を「人間関係」および「社会関係」から整理し，課題や可能性，解消したい不和などを見出すことができる。

第Ⅱ部　家族へのソーシャルワーク

（2）エコマップの描き方

エコマップの描き方の流れは次のとおりである。

---
① 対象となる家族を中央に記入する。
② 本人・家族を取り巻く人々をその周囲に書く。
③ 本人・家族を取り巻く社会資源（専門機関，施設，サービス，フォーマル，インフォーマル等）を周囲に記入する。
④ ①で記入した対象者と，②③との関係性を線で表す（強いつながりは太い線，弱いつながりには細い線，ほとんど希薄になっているつながりには破線，ストレスのある関係は横線を入れる等）。
⑤ その他，本人・家族に関する重要な事柄をさらに外側に記入する。
⑥ 関係性を表す線については，エネルギーの方向を矢印で表現する。
⑦ 関係性を表す線・矢印の横に簡単な説明を記入する。

エコマップの基本表記法は，図5-5のとおりである。

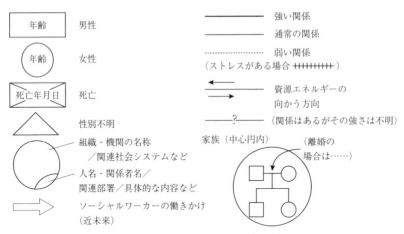

図5-5　エコマップの基本表記法

出所：久保紘章編（1996）『社会福祉援助技術演習』相川書房，88頁。

図5-6は，アニメ「サザエさん」の磯野家についてカツオを中心にある日の状況をエコマップに示したものである。アニメで何気なく見ている磯野家の周りにはどのようなつながりや，人との関係があるのかがエコマップで表すことによって一目で理解することができる。

第 5 章　家族への支援を考えるための手がかり

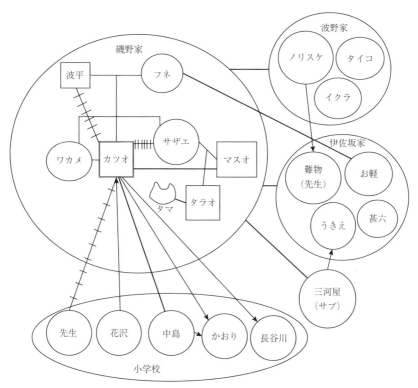

図 5-6　エコマップの作成例：磯野家のエコマップ
出所：ほいくジョブ「保育園での『ジェノグラム』『エコマップ』活用法！　書き方・記入例」（https://hoiku-job.net/column/hoikushi_job/2106　2024年 7 月30日閲覧）。

参考文献
小口将典・得津愼子・土田美世子編著（2019）『子どもと家庭を支える保育——ソーシャルワークの視点から』ミネルヴァ書房。
小林奈美（2009）『実践力を高める家族アセスメント——カルガリー式家族看護モデル実践へのセカンドステップ　PartI（ジェノグラム・エコマップの描き方と使い方）』医歯薬出版。
早樫一男編著（2016）『対人援助職のためのジェノグラム入門——家族理解と相談援助に役立つツールの活かし方』中央法規出版。
早樫一男編著（2021）『ジェノグラムを活用した相談面接入門——家族の歴史と物語を対話で紡ぐ』中央法規出版。

第Ⅱ部 家族へのソーシャルワーク

学習課題

① 自分を中心としたエコマップを描いてみよう。

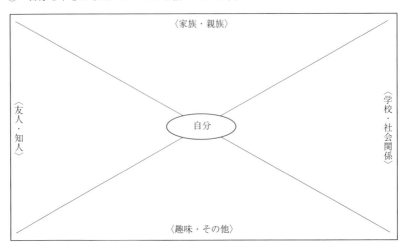

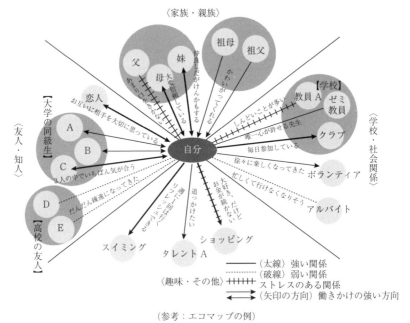

(参考：エコマップの例)

出所：都村尚子（2007）『社会福祉援助技術入門』新元社，72頁。

第5章　家族への支援を考えるための手がかり

② 次の事例の情報から，エコマップを描いてみよう。

> **事例　夫による連れ子への暴力**
> 　A子さん（28歳）は2歳（女）と4歳（男）の2人の子どもの母親です。夫は2歳年上で，A子さんは2回目の結婚です。長男は前の夫の子どもであり，長女は現在の夫の子どもです。今の夫との子どもができてから，夫の長男への接し方が次第にきつくなり，最近では暴力を振るうようになってきています。A子さんは，夫の最近の関わりに悩んでいますが，身近に相談できる人がいません。今の夫自身も実の父親から，子どもの頃に暴力を受けていたと聞いています。夫の両親はすでに亡くなっており，A子さんの両親は電車で1時間ほど離れた隣の県に健在です。しかし，再婚をしてからはほとんど連絡をとっていません。A子さんは近所のクリーニング店で働いていましたが，現在は専業主婦です。
> 　長男は，近所の保育園に通っています。保育者は，最近の長男が日中に元気がないことが気になっており，お迎えの時に「家での様子にお変わりはありませんか？」とたずねましたが，A子さんは「何もありません」としか答えられませんでした。以前は，同じ保育園に通う，同じ年の子どもをもつFさんと交流がありましたが最近はほとんど連絡をとることがなくなりました。

第6章

ファミリーソーシャルワークの過程①
面接技法

　本章では，ファミリーソーシャルワークにおける面接に焦点化して学びを深めていきたい。まずは，面接の基本的な考え方・価値・姿勢を学んでほしい。さらに，面接技法としてのチェアテクニックやソーシャルワーカーが大切にする非言語的コミュニケーション，沈黙の意味を考えてみたい。そして，臨床で求められるソーシャルワーカーの力量や，面接室での面接に限らず利用者との関わりを通した臨床における生活場面面接や，共感する他者としての面接過程についても学んでいきたい。

1　ファミリーソーシャルワークにおける面接の意義

（1）面接の形態・種類

　ファミリーソーシャルワークにおける面接は，利用者一人を対象とするものばかりではなく，その家族も対象になる。利用者の悩みと家族の悩みが同じとは限らない。あるいは，それぞれに本当の問題が見えていない場合もある。悩みや問題の本質をとらえて，本当の問題が見えていない利用者と家族に対して，現実に直面できるように支援する意味も含んでいる。

　広い意味でのソーシャルワークにおける面接は，心理学のアプローチと類似している点も少なくないが，厳密には異なるものである。心理学などでは，個々の内面を見つめてその問題を考えていくことが少なくない。ソーシャルワークでは，人間と環境との相互作用に着目し，広い視野と発想からアプローチを試みる点にソーシャルワークの固有性が存在するのである。これまでに

表 6-1　面接の形態

形　態	内　容
面接室	施設や専門機関での面接。
自宅訪問	利用者の生活を把握することができる。また，本人の生活上の価値観，家族関係，家庭内での役割，近隣との人間関係等の把握がしやすい。
電話	初回面接（インテーク）の際に多い。声のみのやり取りであり，顔が見えないため，利用者の細かな動作や価値観を把握しづらい。
オンライン	電話に比べて顔を見て面接することができるが，直接会って行われる面接に比べると距離感がある。また，周りに話の内容が漏れていないことの保障や，ネット環境，PC環境（音声，画質，画面の明暗）等に配慮が必要である。
生活場面	利用者の生活している場や空間のなかで行われる。利用者のプライバシーへの配慮が必要である。

出所：筆者作成。

100年以上の歴史をもつソーシャルワークであるが，かつては，心理学や精神医学などの影響を受けた。そのことに対する反省としてケースワークの母として有名なリッチモンド（M. E. Richmond）を例に「リッチモンドに帰れ」といわれた時代もあった。面接を用いる職種は，心理職，医師，看護師，保健師，弁護士，福祉の相談職など多職種にわたる。また面接には，様々なタイプがある。一般的に面接と聞くと試験や就職の面接を連想することが少なくないだろう。しかし，ソーシャルワークにおける面接には，傾聴面接，アセスメント面接，「気づき」をうながす面接，情報収集の面接など多岐にわたる。ソーシャルワーカーは，これらの面接を意識的に使い分ける必要がある。ソーシャルワーカーは，様々なアプローチを活用して利用者への支援を展開している。利用者支援の根底には，利用者との信頼関係の構築がなければならない。その第一歩となるのが面接である。なぜならば，ソーシャルワーカーは，生活のなかの困難を生活のなかで支える専門家だからである。

　面接の形態としては，表6-1のようなものがある。

　ファミリーソーシャルワークにおける面接では，表6-2のような家族面接を行うことがある。

表6-2　家族面接の種類

種　類	特　徴
家族並行面接	利用者には利用者担当のSWer，家族には家族担当のSWerがそれぞれ別の部屋で同時間帯に面接を行う。
家族合同面接	利用者には利用者担当のSWer，家族には家族担当のSWerが同じ部屋にて合同で面接を行う。
家族同席面接	利用者と家族を一人のSWerが担当し，同席で面接を行う。
家族分離面接	利用者と家族を一人のSWerが担当し，それぞれ別の時間帯（前半を利用者，後半を家族など）で別々に面接を行う。

注：SWerは，ソーシャルワーカーの略。
出所：筆者作成。

（2）面接の前提となる基本的価値

　ファミリーソーシャルワークの面接の根底には，ソーシャルワーカーとしてのまなざしと基本的態度，価値観が求められる。さらには，共感と共感する他者だから理解できる視点が不可欠である。

　より具体的な展開としては，まず，面接は開かれた質問と閉ざされた質問を組み合わせながら焦点を定めていくものである。そのつぎには，利用者を観察する技能が求められる。観察とは，相手の話，しぐさ，言葉にならない身振り，利用者が話題にしない事柄も察知することが必要である。さらに，面接には，利用者本人と家族の回復する力・向上する力，生きる力を育む方向と，「今，これをするべきではない」と待ったを入れていく方向の2つを組み合わせてすすめていく。そして，面接の終結が，その利用者への支援の完結ではない。一人のソーシャルワーカーの関わりは利用者への支援のほんの一部を担うだけであり，つぎの取り組みや生活支援へとつながっていくものである。

　優れたソーシャルワーカーの面接は，利用者と家族が，あたかもその解決の糸口を見つけたのは自分たちであり，何をするべきなのかといった解決のプロセスを計画立て，必要なフォーマルサービス，インフォーマルサービスをどのように活用しようか，あるいは代用としてこれを活用しようといったように自分たち自身で歩んでいけるように支援するものである。そしてできるだけわかりやすい言葉で理解と納得をし，胸にすっと落ちる形で支援する。

第 6 章 ファミリーソーシャルワークの過程①　面接技法

表 6-3　バイステックの 7 原則

原　則	内　容
①　個別化	利用者を個人としてとらえる
②　意図的な感情表出	利用者の感情表出を大切にする
③　統制された情緒的関与	支援者は自分の感情を自覚して吟味する
④　受容	受けとめる
⑤　非審判的態度	利用者を一方的に非難しない
⑥　自己決定	利用者の自己決定を促して尊重する
⑦　秘密保持	秘密を保持して信頼感を醸成する

出所：バイステック，F. P./尾崎新・福田俊子・原田和幸訳（2006）『ケースワークの原則（新訳改訂版）――援助関係を形成する技法』誠信書房をもとに筆者作成。

表 6-4　不誠実なソーシャルワーカーの姿勢

利用者の話を聞かない	話だけ聞いて何もしない	その時々で発言が異なる
偉そうな態度をとる（上からの目線）	利用者の立場になって考えない	様々なハラスメントをする
バカにする	冷たい	腕を組んで話を聞く
利用者の訴えを理解しない	否定ばかりする	話をそらす
いい加減な対応	約束を守らない	面倒そうな態度をとる

出所：筆者作成。

表 6-5　誠実なソーシャルワーカーの姿勢

利用者に礼儀正しい	否定しない	的確な助言をする
利用者へ敬意を示す（利用者を大切にする）	発言が一貫している（統一している）	優しい態度である（あたたかい態度である）
利用者の感情を大切にする（真意を引き出す）	きちんと話を聴く（自分のことのように話を聴く）	約束を守る
利用者のおもいを理解する	共に解決の糸口を模索する	個人情報を守る

出所：筆者作成。

（3）誠実なソーシャルワーカーの姿勢

　利用者と家族に対するソーシャルワーカーの姿勢は，面接の根幹ともいえる信頼関係の構築に大きく影響する。その基本的な姿勢は，「バイステックの 7 原則」（表 6-3）や「メラビアンの法則」に依拠するところが少なくない。

　不誠実なソーシャルワーカーの姿勢（表 6-4）と誠実なソーシャルワーカーの姿勢（表 6-5）の特徴を比較してみよう。どちらのソーシャルワーカーに自身の相談をしたいか考えてみてほしい。

2 専門職が用いる面接技法

(1) ファミリーソーシャルワークにおけるチェアテクニック

　ソーシャルワークにおける面接では，面接室で行う場合や利用者の自宅など多岐にわたる。ここでは，ファミリーソーシャルワークにおけるチェアテクニックとして，面接室において利用者と家族，ソーシャルワーカーの座る位置を例にメリット・デメリットを考えてみたい。

① 正面型：机をはさんで真正面に向き合って座る場合
　メリット：ソーシャルワーカーが利用者と家族の表情や動作，視線を把握しやすい。
　デメリット：緊張感が高まり，心理的に逃げ場がない状況である。

② 対角線型：机をはさんで対角線上に座る場合
　メリット：対面型よりも座る距離が長いため，緊張感が和らぐ。
　デメリット：利用者と家族から無関心と誤解されやすい。

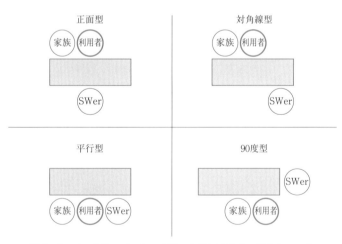

図6-1　ファミリーソーシャルワークにおけるチェアテクニック
注：SWer はソーシャルワーカーの略。
出所：筆者作成。

③　平行型：真横に座る場合

メリット：親密さを高める。視線の緊張感が少ない。お互いが同じ物を見ることが可能である。

デメリット：一般的に平行型は恋人などと座る位置関係になり，違和感を抱く利用者もいる。家族はソーシャルワーカーから遠い位置になる。面接には不向きである。

④　90度型：机をはさんで90度もしくは斜めに座る場合

メリット：利用者と家族ともに視線をそらすことができ心理的に余裕ができ話しやすくなる。ファミリーソーシャルワークにおける面接に適している。

デメリット：対面型よりも表情や動作，視線を把握しづらい。

（2）ソーシャルワーカーが大切にする非言語的コミュニケーション

　現代の私たちの生活は，バイステック（F. P. Biestek）の時代とは似ているところもあるが異なる点も少なくない。たとえば，インターネットの普及やSNSなどバイステックの時代とは比較にならないほど科学技術や医療などが進歩したといえる。それは，家族構成や家族関係，それらが抱える問題も複雑・多様化しているといえよう。そうであるならば，ソーシャルワークにおける支援方法，面接技法においても現代の利用者へと変化・バージョンアップしていかなければならない。それは，古き良きものを継承するとともに発展させていくことを意味している。

①　言語的コミュニケーション

　言語的コミュニケーションは，音声，文字，手話などに大別される。面接における質問では，開かれた質問と閉じられた質問をその状況において使い分けると効果的である。

　開かれた質問は，自由度の高い回答であり，質問者は，「どのような感じですか？」や「詳しく説明してください」などのように回答者が自由に回答することができる質問である。

　閉じられた質問は，「はい」「いいえ」で答えることのできる質問である。これらを面接の際に活用することで，ソーシャルワーカーが得たい情報と利用者

第Ⅱ部　家族へのソーシャルワーク

表6-6　ソーシャルワーカーが大切にする非言語的コミュニケーション

内　容	特　徴
表情	表情は，感情を表現する手段である。たとえば，共感する表情とともに「それは悲しいですね」と発言すると利用者の心に響くこともある。反対に，笑顔で「それは悲しいですね」と発言した場合に利用者との信頼関係は構築することができない。
動作	細かな動作をしない（ペンをカチカチと触るなど）。腕を組まない。足を組まない。
姿勢	利用者に身体を向けて話を聴く。椅子に座っている場合は，深く腰掛けない（ふんぞり返らない）。しかし，利用者が怒り・怒鳴っている場合は，意識的に深めに座ることで落ち着きや安定などの印象を与えるなどの効果があるため，状況によって使い分ける。
視線	視線の高さは，利用者と同じくらいになるように心がける。互いに座っている場合は，ほぼ同じ高さになるが，利用者が座っていて，SWerが立っている場合は，威圧的に感じ取られるため，SWerは同じ高さになるようにかがむ，あるいは座るなどの工夫が必要である。
距離	人間には，人との距離において自分のエリア（パーソナルスペース）が存在する。親しい間柄の人との距離は近くても気にならないが，苦手な人が近づいてくると不快に感じるなど。
位置関係	正面型：机をはさんで真正面に向き合って座る。 対角線型：机をはさんで対角線上に座る。 90度型：机をはさんで90度もしくは斜めに座る。 平行型：真横に座る。図6-1参照。
沈黙	沈黙には様々な意味がある。表6-6参照。
声の抑揚・強弱	ゆっくりと落ち着いて話す。早口は，利用者にとって聞き取りづらいことや否定されているように受け取られる場合がある。利用者の状況や年齢などにSWerが合わせる必要がある。
記録	面接中の記録・メモの取り方には，細心の注意が必要である。利用者にとってSWerが記録していることは様々なとらえ方がある。たとえば，「利用者の話をしっかりと記録してくれている」「何を記録しているのか気になり話をつづけることが難しくなる」など。深刻な話の時や感情が高ぶっているときなどは記録をするのを控える必要がある。

注：SWerは，ソーシャルワーカーの略。
出所：筆者作成。

自身が面接を通して自身で解決の糸口を見つけるプロセスとしての効果があると思われる。

表6-7　沈黙の20の意味

熟考・思索	衝撃・ショック	緊張	感謝
追憶・追想	絶望	無関心	うれしさ
驚き・困惑	不安・ためらい	怒り	恐怖
悲しみ・傷つき	自分のつぎの発言の準備	理解できない（わからない）	不快
拒否・批判・抗議	消極的な同意	相手の発言の吟味	静寂・祈り

出所：筆者作成。

② 非言語的コミュニケーション

　非言語的コミュニケーションは，表情，動作，姿勢，視線，位置関係と距離，沈黙，声の抑揚・強弱，記録などがあり，言語的コミュニケーションよりも深い意味で利用者とソーシャルワーカーの信頼関係の構築に関わるものであり，無意識の部分が多い。たとえば，ソーシャルワーカー自身が時間に追われている場合やイライラしている場合は，利用者にその心情は伝わる。ソーシャルワーカーは，非言語的コミュニケーションが利用者へ与える印象，利用者がどう感じるかなどを意識しておく必要がある。

（3）沈黙のもつ意味

　面接における沈黙には様々な意味がある。具体的には，表6-7のようにまとめることができる。

　沈黙には，深く物事を考える（熟考・思索），利用者が体験した過去の事柄を振り返る（追憶・追想）などの意味や事柄に驚き，困惑，悲しみ，傷つき，衝撃・ショックをうけること，緊張して言葉が出ないこと，不安・ためらい，怒り，恐怖，不快，絶望，質問への回答の拒否・批判・抗議，やむを得ず同意する（消極的な同意）などのようにネガティブな意味もある。また，そもそも質問の意味が理解できない・わからない，無関心，相手の発言の意味を吟味している，つぎの自分の発言の準備などの意味もある。一方で，感謝やうれしさの意味や沈黙という静寂をとおしての祈りの意味もある。

3 臨床で求められるソーシャルワーカーの力量

（1）利用者と家族，ソーシャルワーカーをつなぐ

　ソーシャルワークにおける面接は，日常会話とは異なり，面接そのものがソーシャルワークのプロセスとしての支援になっている。

　ソーシャルワーク面接では，面接のみちすじ（計画の目的や時間，頻度，結果にまで至るプロセス）があり，日常会話のような曖昧な会話のキャッチボールではなく，ソーシャルワーカーの専門的な知識・技術によって利用者の悩みや困難さを共に考えるプロセスが存在するのである。ファミリーソーシャルワークにおける面接は，利用者一人を対象とするものばかりではなく，その家族の同席もある。とくに，ファミリーソーシャルワークの面接の場合は，利用者の話に耳を傾けているソーシャルワーカーの姿を見ている・聞いている家族，あるいは家族とソーシャルワーカーのやり取りを見ている・聞いている利用者の場面があるが，その際の言語的コミュニケーションや非言語的コミュニケーションのみではなく，相槌や間投詞と呼ばれる共感を強調するものとしての「なるほど」「たしかに」「それで？」「それから？」「ああ，そういうことだったのですね」などソーシャルワーカーの深い関心を示す言葉や少しの驚きを自然に使いこなすことができるようになると面接の質は格段に向上する。この間投詞の適切な活用は，AIには難しいのではないだろうか。この間投詞や相槌，沈黙を上手に活用することで利用者と家族，ソーシャルワーカーが共通の課題のなかでつながっていくのである。

（2）生活場面面接

　生活場面面接（Life Space Interview，あるいは，Life Space Crisis Intervention）は，レドル（F. Redl）によって提唱された。このレドルの生活場面面接とコノプカ（G. Konopka）のソーシャル・グループワークの時代的流れは，窪田暁子の臨床の大切さや共感する他者としての支援につながり，小口将典のファミリーソーシャルワークへと継承されているのである。

生活場面面接は，利用者や家族が暮らす生活の場にソーシャルワーカーが出向き，入り込み，面接室や区切られた場所ではない，利用者と家族の生活空間のなかで行う面接のことである。したがって，生活空間面接ともいわれる。利用者にとって面接だという緊張感を高めることなく，自然な流れのなかで行うことができる。小口は，生活場面面接を「構造化されない面接」であり，近年の福祉サービス利用者の生活に寄り添う形で提供される面接方法として位置づけている。喜多は，ファミリーソーシャルワークの共通課題として「家族全体を地域の中で総合的に支援しつづける支援体制づくりと支援＝利用の方法・技術を開発すること」であるとしている。家族全体を地域の中で総合的に支援するということは，面接室などのような空間のみではなく，利用者と家族が暮らす生活そのものをソーシャルワーカーがアセスメントしていくことが求められる。

　ファミリーソーシャルワークにおける生活場面面接では，利用者のみならず，家族の生活状態・環境も同時にアセスメントすることができる。それとともに，その地域や地域住民との関係性までにも視野を広げて把握することにもつながる。それは，利用者一人の問題に限らず家族の抱えている問題など，多重問題などへのアセスメントにもつながるといえる。一方で，家族がいるから話すことができないこともある。面接室などのように区切られた空間であるからこそ話すことができることは，生活場面面接では話されない。開かれた場所であるからこそ，人に聞かれたくないことや個人情報が漏れるなどのようなデメリットも生じる。それらへの配慮は不可欠である。しかし，やはり生活の場であるからこそ見えてくるものや感じるものはたくさんある。たとえば，掃除は行き届いているのか，几帳面な気質なのか，幼い子どものおもちゃなどがあれば，孫と一緒に暮らしているのかもしれないなどである。目に見えるものがすべてではなく，においなどその家庭特有なものを五感で感じとることが大切なのである。あわせて，ソーシャルワーカー自身が留意しなければならないこともある。それは，ソーシャルワーカーが利用者や家族の生活の場で，様々なことを見たり，聞いたりするということは，同時に利用者と家族もソーシャルワーカーの言葉づかいや所作を見ているということである。たとえば，靴の脱ぎ方，揃え方，畳の縁を踏んではいないかなどである。面接室という区切られた空間

ではなく，ソーシャルワーカー自身の立ち居振る舞いに品格が求められるのである。ソーシャルワーカーは，様々な理論やアプローチを活用しながら，臨床でソーシャルワークの感覚を研ぎ澄まさなければならない。すなわち，生活場面面接は，ソーシャルワーカーの力量が最も求められる面接であるといえる。

(3) 共感する他者としての面接過程

　様々な状況においてソーシャルワーカーは面接の技法を駆使していくが，その第一として，「利用者とのラポール（信頼関係）の形成」は，ソーシャルワークの核である。ファミリーソーシャルワークでは，インテークの段階で，利用者と家族が同席して面接を展開することがある。その際，はじめにソーシャルワーカーが声をかけるのは，家族ではなく利用者本人でなければならない。それが幼い子どもであっても，認知症等の高齢者であっても敬意を表さなければならない。面接を重ねることでその相談の本質や課題が実は家族側にあるということが見えてくることはよくあることである。そうであったとしても，利用者を中心に物事をすすめていく第一歩は，はじめに利用者へ声をかける，質問することからはじまるのである。そして，できるだけ早い段階で互いの波長を合わせることを行い，「今日はここまですすんだので，つぎまでにこれをお互いに考えてきましょう」などのように利用者および家族とソーシャルワーカーの合意を形成することがラポールへとつながっていくのである。

　第二に，「問題の定義づけ」である。利用者と家族は，何を悩んでいるのか，それは同じ悩みである場合もあれば，それぞれが異なっていることもある。異なっていることに互いが気づいていない場合も少なくない。その際は，利用者から発せられる言葉と家族からのそれをできるだけわかりやすい言葉で定義づけをすることが必要である。それは，医師が病気に名前をつけることと似ているように，今悩んでいることに名前をつけることで共通の認識とへとつながる。

　第三は，「目標の設定」である。長期的な目標とできるかぎり具体的な短期目標を定めることが必要である。それは，現実的に可能なものもあればそうでないものもある。ソーシャルワーカーは，3か月程で達成できそうな短期目標を設定することで小さな成功体験を積み重ねること，半年から1年以内（場合

によっては2年)の中期目標，5～6年程の長期目標を設定する。この目標の期間に関しては，年齢や世代などよっても異なる。たとえば，子どもを利用者とした場合では，保育園や幼稚園の世代もあれば，小学校・中学校の場合もある。これらの子どもにとっての1年という期間は大人にとってのそれとは異なる。高齢者の場合は，特に後期高齢者では，5年という期間は身体状況の変化を含めてあまり現実的ではないだろう。すなわち，年齢や世代などの利用者のおかれた状況に応じた目標設定が大切である。

　第四は，「あらゆる選択肢の検討と矛盾の精査」である。支援の目標を設定する際には，どのような選択肢があるのか，他の方法はないのかなどを検討する必要がある。たとえば，脳梗塞で入院している高齢者が，自宅への復帰を目指すのか，あるいは施設入所をするのか，家族の介護力はどうかなど，考えられる選択のメリット・デメリットを検討し，利用者の希望と家族の希望を踏まえて，両者の矛盾がある場合はよく精査し，両者が納得のいく方向へと支援する必要がある。

　第五は，「日常生活への一般化」である。これまで目標を設定して，利用者と家族が解決へのプロセスを歩むなかで，目標として描いていたものが生活のなかで展開され，実感として日常生活へ一般化されていく。短期目標で設定された内容が達成されれば成功体験として自信へとつながるだろう。あるいは，目標の再検討も繰り返されるだろう。それらが中期目標や長期目標へと広がるなかで評価・分析がなされ，普段の生活ともいえる日常生活へと一般化し，循環されていくのである。

注
(1) バイステックに敬意を込めて，あえて強調しておきたいことがある。ソーシャルワークの教科書などでバイステックを紹介したものは数えきれないが，幾つかの教科書では，名前の表記が誤ってバイスティックと表記されている。バイスティックではなく，正しくはバイステックである。英文表記を見れば明らかように，"Biestek"であり，iが入っていない。もしも，自分の名前が間違って語り継がれていたら不快ではないだろうか。バイステックを語るならば，バイスティックでは

なくバイステックと正しく表記して語りたいと思う。
(2) メラビアンの法則とは，アメリカの心理学者メラビアン（A. Mehrabian）によって1971年に発表された *Silent messages*（邦題：非言語コミュニケーション）の調査結果から導き出された法則であり，別名「7-38-55ルール」あるいは「3Vの法則」言語情報（Verbal），聴覚情報（Vocal），視覚情報（Visual）の頭文字から，3Vの法則と呼ばれている。

　　メラビアンの法則には誤解されていることがある。それは，非言語的コミュニケーションが何より大切であるという誤解である。非言語的コミュニケーションは大切な要素であり，聴覚情報（38％）と視覚情報（55％）が相手に与える影響は，合計で93％になるといわれる。しかし，そのことは言語コミュニケーションを軽視してよい理由にはならない。この法則から学ぶべきことは，言語的コミュニケーションと非言語的コミュニケーションの両方が大切であり，それらを使い分けて面接を行うことがソーシャルワーカーに求められているということである。
(3) 小口将典（2023）『食卓から子育て・保護者支援への展開――保育ソーシャルワークの新たな方法』日総研出版，43頁。
(4) 喜多祐荘・小林理編著（2005）『よくわかるファミリーソーシャルワーク』ミネルヴァ書房，5頁。

参考文献

バイステック，F. P.／尾崎新・福田俊子・原田和幸訳（2006）『ケースワークの原則（新訳改訂版）――援助関係を形成する技法』誠信書房。
マレービアン，A.／西田司ほか訳（1986）『非言語コミュニケーション』聖文社。
窪田暁子（2013）『福祉援助の臨床――共感する他者として』誠信書房。

学習課題

① チェアテクニックの図（図6-1）を参考にして，利用者，ソーシャルワーカーのそれぞれの視点からメリット・デメリットを体感してみよう。
② メラビアンの法則を参考にして，不機嫌な声で「ありがとう」と言われた場合や笑いながら叱られる場合を体感し，どのような気持ちになったか書き出してみよう。その結果を踏まえて，どのような接し方が心地よいと感じるか考えてみよう。

第6章 ファミリーソーシャルワークの過程① 面接技法

コラム　支え合う母と子の暮らし

「息子は仕事に行ってるんですよ……」と，話しながらAさんは，ふすまの後ろをチラチラみています。私と同行した長女さんが，「お母さん何言ってるの，兄さんは部屋で寝てるんでしょ！」。Aさんは軽い認知症を持っています。車で30分のところに住む長女が週に2・3回食料を運んできていましたが，兄と母の今後が心配で，相談に来られました。

母のAさん，83歳，介護度2，認知症の生活自立度Ⅱa，紙パンツ着用，時間管理は不充分で，同居の長男の声かけで，食事や服薬をしています。入浴は娘の支援を受けていますが，「一人で入っているよ！」と，月に2・3回という状況です。長男のBさんは53歳，厳格な父が生存中は，転職を繰り返しながらアルバイト等を行っていましたが，20年前父が逝去した後は，家にひきこもり外出することはほとんどありません。母の認知症状が出現した3年前位から日中にも飲酒するようになり，妹との口論が絶えない状況です。

起きてきたBさんを交えて，4人でお話をしました。最初怒っていたBさんでしたが，Aさんが自分をかばいながらも事実と違う話をするのを聞くうちに，Aさんの認知症の進行や自分の今後の不安などを語り，妹の優しい心遣いにも感謝を述べ，ケアマネジャーを依頼することになりました。家族以外の人とも交流したいというAさんの希望や入浴の機会の確保をするために，デイサービスの利用が計画されました。Bさんを一人にしておけないと心配して，利用時に混乱を生じていましたが，送迎時にBさんが起きて見送ることで，安心して外出できるようになりました。

認知症があっても子どものことを想う母の心情に，感動しました。先日，「今日は，仕事に行ってるのよ！」と満面の笑みで教えてくださいました。Bさんは，自らの意志でアルコール依存の治療を始められました。その日は，そのプログラムの日です。今後どのようにこのお二人の暮らしが変化していくのかは，まだ誰にもわかりませんが，これからも，お二人の，お互いに思いやる気持ちを大切にした関わりを続けていきたいものです。

介護共育研究会

（介護共育研究会　石川立美子）

第 7 章

ファミリーソーシャルワークの過程②
アセスメントとプランニング

「家族」とはあなたにとってどのような存在だろうか。「家族」との関わりを振り返ると、あなた自身もそうであるように、人は、家族というシステムのなかで様々な影響を受けながら生きていることに気づくだろう。複雑に絡み合った生きづらさを抱えている家族を支援するためには、あなた自身が、一人のソーシャルワーカーとして、一体、何を「観て」何を「考える」必要があるのかという点について整理しておく必要がある。本章では、多様な関係性により成り立っている家族というシステムのなかで起きる交互作用を、支援の手段として扱うために、ソーシャルワーカーが意識すべき「アセスメント」と「プランニング」について考察を深めていきたい。

1 ソーシャルワーカーは家族の何を「観て」いるのか

(1) 家族という環境を「観る」支援者のまなざし

アセスメントについて述べる前に、社会福祉における援助活動の歴史に触れつつ、ソーシャルワーカーとして家族の「何を観る」のかという点について確認しておきたい。ここで触れる内容については、本書が実践者の実用書としても活用されることを想定していることを前提に、できる限り平易な内容で共有したいと思う。そのため、より詳細かつ正確な社会福祉における援助活動の歴史を知りたい方は、他の専門書もしくは先行研究をご覧いただきたい。

今日の社会福祉におけるソーシャルワークでは、「個人と環境の境界面に介入する」という特性から、個人要因および環境要因の両側面の状況を把握した

うえで，それぞれに働きかけることが求められている。しかし，かつての社会福祉における援助活動では，そうではなく，クライエントの抱える生活の困難や貧困は，本人の道徳的・人格的な欠陥に由来し，怠惰，飲酒および賭け事などの個人の選択によって引き起こされると考え，個人に起因するとされていた。つまり，選別的な福祉として「救済の適否」が判断され，怠惰による貧困であると評価された場合には，援助活動の対象外となることも少なくなかったのである。

しかし，後にケースワークの母と呼ばれるリッチモンド（M. E. Richmond）の活動により，生活上の困難性や貧困は，必ずしも，道徳的・人格的欠陥に起因するものではなく，病気，障害，多子，教育環境，養育環境，不衛生，栄養失調，住環境の劣悪さなど，個人の努力ではどうにもならない要因によるものであることが理解されてきたのである。こうした歴史的背景のなかで，ソーシャルワークには「個人」と「環境」を観ると同時に社会変革に向けた働きかけが不可欠であるという認識が一般化したのである。

そして，ソーシャルワークが浸透するにつれて，ソーシャルワーク固有の視点や特異性の確立が求められるなか，ハミルトン（G. Hamilton）が心理社会的アプローチとして，生活の困難さは，個人の内面的要因と環境的要因とから成り立っていることを主張し，ホリス（F. Hollis）が，生活の困難さを抱えた人を「状況の中にある人間（the person in his situation）」として表し，支援の過程においては，人と状況とそれらの相互作用や関連性を把握することが重要であることを概念化したのである。こうして，個人を取り巻く家族を含む「環境」を「観る」ことを通じて，クライエントの抱える困難性を理解したうえで，well-being（ウェルビーイング：より良く生きる）を支えることが，ソーシャルワーク固有の視点や特異性となったのである。

一方で，ソーシャルワーカーは「個人」と「環境」の相互作用によって生じた生活の困難性の原因のみを探索し，その原因の究明と解消を追求する直線的な因果関係に基づく援助活動とならないように慎重な姿勢を忘れてはならない。なぜなら，ソーシャルワークの支援過程においては，特定の原因を除去すれば問題が消失するという医学モデルの考え方が，馴染まないためである。生活上

の困難さは,病巣を除去すると完治する病気とは異なり,「風が吹けば桶屋が儲かる」といわれるように,一見,関係のないようなことが,意外なところに影響を与え,原因と結果が曖昧なまま,クライエントの目の前に表層化し,顕在化してくるのである。つまり,家族を構成する両親,兄弟姉妹等による多様な交互作用を考慮しつつ,「円環的因果律」を踏まえて,クライエントの生活全体を「観る」力が必要であるともいえる。

(2) 家族と共に存在する自分を「観る」

　突然ではあるが,「アセスメント」は誰のための行為だろう。我々ソーシャルワーカーは,目の前のクライエントの支援のために,氏名,年齢,住所などの基本情報は当然のこと,疾病の既往歴および現病歴,障害の有無および程度,財産状況および収入,ADL や IADL など様々な情報に触れている。これらの情報は,ソーシャルワーカーが支援を展開していくうえで必要不可欠であることは明らかであり,これらの情報をもとにして,社会福祉制度等をコーディネートしていく。このような営みもアセスメントであるが,敢えて本章では,アセスメントは,クライエント自身が,家族という環境との関係性のなかにおいて,自分の状況および歩むべき方向性を「観る」ための時間であり作業であると考えていきたい。つまり,アセスメントは,クライエント自身が,アセスメントというプロセスを経ることで,自身が置かれている状況や状態,また,家族同士の関係性,それぞれのやり取り,考えていること,思っていること,これまでの家族の歴史などを客観的かつ俯瞰的に眺め,そして,自分自身を内省的に見つめ直すことによって,これまでの出来事への意味づけを改め,課題解決に向けた支援の入口に立つことを促す行為である。そしてそれは,ソーシャルワーカーとクライエントおよび後述する不在の他者との「共同作業」である必要がある。

　たとえば,あなたの前に「離職により,生活が苦しくなった人」が相談にみえたとしよう。当然に,離職した理由,失業給付の受給資格の有無,失業に伴う生活への影響,家族への影響,就労に関する今後の希望などを情報収集することと思われる。また,クライエントが「どうしたいか」という点も重視して,

各種制度の説明や課題解決に向けた提案をするだろう。もちろんこのようなアセスメントを否定しているわけではないが、果たして、これだけでクライエントは、自らの立ち位置を俯瞰的にとらえ、主体的かつ自発的に自らの課題解決に向けて動き出す道筋を描くことができるだろうか。

　人は、自分の置かれている状況を理解し、何をする必要があるのかという思考に触れたときに、最初の一歩を踏み出す動機がつくられる。また、自分が家族にとってどのような存在であったかを知ることも重要である。なぜなら、人は家族という環境に大きな影響を受けながら日常の営みを送り、時に家族から必要とされ、家族に貢献しながら、「自分」の存在意義を実感していくことになるからである。しかし、家族のなかでの立ち位置を「観る」プロセスは、必ずしもクライエントにとって心地よいものばかりとはいえない。当然に、家族から必要とされていない場合、愛想を尽かされている場合、家族のなかに居場所がない場合、関係性が希薄な場合は、つらい現実を突きつけられることにもなるからである。しかし、このように考えると、先の事例では、制度への適否を見極めると同時に、クライエントを取り巻く家族という環境が、クライエントにとってどのような存在であるかをクライエント自身が見つめる視点を持てるように促していくことで、自分を「観つめ直す」ことが可能となる。

　人は、課題を抱えると、思考や視野に狭窄が起こり、近視眼的に物事を考え短絡的な行動を選択しやすくなるといわれている。だからこそ、クライエントの視点を少しだけ広げ、意識していなかった部分に意識を向けることができるような関わりが求められるのである。たとえると、ある演劇の主人公がクライエントの場合、その演劇は、クライエントとそれ以外の「登場人物」によって創作される。当然、演出上、物語はクライエント目線で描かれ、他の「登場人物」の物語は描かれない。しかし、現実世界においては、クライエント以外の「登場人物」にもそれぞれの物語が存在している。つまり、クライエントが生きている「今」は、クライエント以外の人物が生きている「今」と重なり合い生まれているのである。

　先の事例でたとえるならば、人生のどん底で落胆しているクライエントの物語とは別に、妻や子どもには「力になりたい」という別の物語が描かれている

かもしれないのである（もちろん「自業自得よ」という物語もある）。こうした複眼的なアセスメントが家族を支えるソーシャルワークに必要なのである。

（3）家族というシステムの相互作用を「観る」

　心理学の分野では，人に話をすることによって，話をする前には気づかなかったことに気づいたり，話をする前より理解が深まったり，話をすることによって考えや想いが整理されていく「アウェアネス効果」と呼ばれる現象があるが，アセスメントもこうした機能を備えている。

　また，コーチングの領域においては，自分の言葉に最も影響を受けるのは自分であるという考え方を用いてエンパワメントする「オートクライン」という考え方がある。アセスメントの場面においても，ソーシャルワーカーの「問い」にクライエントが「答える」ことで，クライエントの思考や想いが言語化され，それをクライエント自身が「聴く」ことで，気づきを得たり，セルフエンパワメントが促されたりするのである。

　これまでの内容をイメージとして示すと図7-1のようになる。ソーシャルワーカーの質問は，クライエントが自分の状況を客観視し，結果的に「何をしなくてはならないのか」という気づきを獲得してもらうための重要な技術でもある。それにより，課題解決への主体性が生まれ，ソーシャルワーカーは，その主体性を足がかりとしてプランをクライエントと共に創り上げていくのである。

　図7-1のとおり，クライエントは，その場に存在しない家族という「他者」からも影響を受けている。熊倉[1]は，それらの存在を「不在の他者」と呼び，その影響力を意識しながら，アセスメントすることが重要であると述べている。このことは，家族を支えるソーシャルワークにおけるアセスメントのあり方に対して，非常に重要な示唆を与えているのではないだろうか。

　家族をひとつのシステムとしてとらえるのであれば，当然に家族のなかにある親子やきょうだいというサブシステムの交互作用も「観る」必要がある。たとえば，職場の異動によってストレスを抱えた父親は，飲酒量が増え暴言と暴力がエスカレートする。母親は，子どもの登校渋りと姑の介護により夫を気遣

第7章 ファミリーソーシャルワークの過程② アセスメントとプランニング

図7-1 共に観るアセスメントの構造
出所:筆者作成。

う余裕がなく,不安と焦りで常にイライラしている。2人の子どもは発達の凸凹によりクラスの友人と馴染めず孤立しているが,イライラしている母親に遠慮して悩みを相談できない。子どもの登校渋りは父親の怒りを刺激する。父親にも子どもと似た発達の偏りがあり,職場での対人関係に躓いている。母親は,自分の大変さに共感してくれない夫に怒りを向ける。父親は,自分を気にかけない妻へ不満を抱く。夫婦の間に子どもに向き合う協力関係が形成されず登校渋りが不登校へ移行する。このように家族の営みのなかに表層化する課題の背景には,家族内のサブシステムが重層的に相互に作用し合っているのである。

　また,家族システムは,社会のなかに存在する様々なシステムとも影響を与え合っている。たとえば,「会社を離職した父親」が失業保険を受給できず,家庭の経済的困窮が深刻化したことで,母親の不安と焦りを増長させる。そして,子どもは,両親の変化から戸惑いと緊張が高まり,学習への意欲が低下し,勉強が楽しくなくなる。その結果,不登校に至り,学校とのつながりがなくなる。このように,家族システムの変化は,社会システムとの関係のあり方さえも変化させるのである。このことからも,家族を支えるソーシャルワークの領域においては,家族システムと社会システムはお互いに密接に関係していることを意識し,たとえ,生活の困難性の始まりが,個人の出来事(この場合は,離職)を発端にしているように見えたとしても,個人と環境の双方向性の作用

83

によって日常が成り立っていることを忘れてはならない。そして，個人と環境の両側面へ働きかけるというソーシャルワークの独自性と特異性を発揮することが求められる領域であることも忘れてはならない。よって，アセスメントは，多種多様なシステムの交互作用によって，今後，訪れるであろう変化を目の当たりにする序章ともいえるだろう。

2 クライエントと共に支援の羅針盤を「観る」

(1) アセスメントとプランニングの関係性

　さて，ここまでは，アセスメントという側面に焦点をあて，「個人」と「環境」の両側面へのアプローチの重要性について述べた。また，「個人」と「環境」の内外に存在する様々なシステムが相互に作用し合うことで，クライエントの困難性が表層化するというシステム論的理解が家族を支えるソーシャルワークにおいて欠かせないことであるとも述べた。また，もうひとつの視点として，アセスメントをクライエントとの共同作業であるととらえることで，渦中にいるクライエント自身が，現在の状況や状態を客観的かつ俯瞰的にとらえ直すことができるように促していくソーシャルワーカーのまなざしについても説明を加えた。

　では，ここからは，支援を展開していくためのプランニングについて考えていきたいと思う。

　まずはじめに，ソーシャルワークにおけるプランニングはアセスメントと区別して行われるものであるのだろうか。ソーシャルワークの先行研究においては，アセスメントとプランニングの段階を区別して定義しているものもあれば，アセスメントとプランニングは一連の作業であると定義しているものもある。こうした前提に立ったうえで，実践者としてプランニングをどう位置づけるかという考えについては，以下のように考えるとソーシャルワークにおけるプランニングの意義や目的が理解しやすくなるのではないだろうか。

　支援の目的が，サービスをあてがうような場合は，クライエントの ADL, IADL, 病状や障害の程度，生活支援の必要性などを，できる限り詳細かつ正

確にアセスメントを行ったうえで，プランニングする必要があるだろう。たとえば，客観的なデータをもとに治療方針を考案し，病気の原因を除去するという医学的モデルに依拠する医師等は，これらの実践者の代表例かもしれない。

一方で，サービス調整にとどまらない支援の場合は，原因と結果の区別が曖昧な「円環的因果律」によるシステム論的視点から，アセスメントとプランニングを，まるで，機械時計に内蔵されている隣り合う歯車のように，相互に連動するものであることを意識しつつ，クライエントと向き合う必要があるだろう。たとえると，キャンバスに描く絵画のように，ある部分に手を加えると全体の印象が変わり，全体を眺めると部分的にまた変化を加える必要が見えてくるといった感覚に類似している。つまり，アセスメントとプランニングを常に連動させていく視点が欠かせないのである。

この点については，家族を支えるソーシャルワークを展開するにあたり，とても重要な視点であるのではないだろうか。なぜなら，すでに述べたように，家族というシステムのなかにある相互作用によって，状況は変化し続けているからである。よって，プランニングの際には，家族内外のシステムにも着目して考案していく必要があるだろう。

また，何よりも大切なことは，プランは誰のものであるのかという点を疎かにしないことである。通常，プランは，ソーシャルワーカーが考案することが多いが，それは，決してソーシャルワーカーに帰属するものではなく，クライエント自身のプランであることを忘れてはならない。アセスメントもクライエントとの共同作業であると述べたように，プランニングも同様にクライエントとの共同作業である。ソーシャルワーカーとしてプランを考案するのであれば，そのプラン内容や支援の方向性のなかに，クライエントとの合意形成があるかを慎重に問い続けなくてはならない。つまり，何よりも大切なことは，プランニングの過程において，クライエントを置き去りにしないことである。

（2）プランニングのなかで共に育む信頼関係と援助関係

あなたは，ソーシャルワーカーとクライエントの援助関係はいつ形成されると考えるだろうか。ここでいう援助関係を「課題を共に乗り越えるためのパー

トナーシップを形成した関係」と定義するとしたら，この援助関係は，クライエントと出会った当初から形成されているものではない。お互いが時間を共有するなかで，クライエントの理解が深まり，そして，ソーシャルワーカーへの信頼感が向上するにつれて，ゆっくりと援助関係という関係性が育まれていくのである。換言すると，体育祭で行う二人三脚のように最初から足元に紐が結ばれているのではなく，クライエントの歩幅に合わせ，ペースに合わせ，時に近づき，時に離れるなど，試行錯誤を繰り返し，クライエントの経験と体験を共有していくなかで，次第に，信頼関係と信用関係が構築され，それを基盤として援助関係という紐が足元に結ばれていくのである。

　ソーシャルワークの展開におけるクライエントとの向き合い方について，岩間[2]は，クライエントのいる場所から状況を「観る」という姿勢について説き，クライエントの存在そのものに価値があるとした「根源的価値」とそのクライエントの尊厳を保障するための「中核的価値」に整理しつつ，そこから導かれてくる「派生的価値」の視点を持ったソーシャルワークについて触れている。

　このことからも，ソーシャルワーカーは，プランニングを行ううえで，クライエントを単純に「課題を抱えている人」としてとらえ，支援対象化することは避けるべきであることが窺えるだろう。しかし，実際の支援の場面においては，クライエントのニーズをどのように充足させていくのかという視点を持つことも欠かせない。次項では，この点について，3つの側面からプランニングを考察してみたい。

（3）家族の相互作用をプランニングに映す

　まず，1つ目は，ケアシステムという側面である。日常の生活は，セルフ・ケアシステム，インフォーマル・ケアシステム，フォーマル・ケアシステムの3つのケアシステムの調和のなかで営まれている。つまり，これらのケアシステムの機能不全，過不足およびバランスの適否を観ることで，どのケアシステムを活用するのか，もしくは補完するのかという視点でプランを考案するのである。

　たとえば，読者自身が，仕事で嫌なことがあり，落ち込んだとしよう。その

第7章　ファミリーソーシャルワークの過程②　アセスメントとプランニング

とき，自分の趣味で回復することができた場合は，セルフ・ケアシステムが機能したのだろう。しかし，まだ十分に回復せず，家族に愚痴を聴いてもらうなどの協力が必要な場合はインフォーマル・ケアシステムを活用することになる。ところが，それでも回復しない場合にはフォーマル・ケアシステムのひとつでもある医療機関に受診することになる。このように，クライエントのニーズを充足するにあたり，どの類型のケアシステムを活用する段階にあるかを，アセスメントを通じて見極めつつ，3つのケアシステムの機能不全の程度や過不足状況を評価し，プランニングしていくのである。そして，必要に応じて，ケアシステムを補完もしくは強化するために地域資源の創出やソーシャルアクションにつなげていくこともプランニングの選択肢のひとつとなるだろう。

　2つ目は，クライエントの意外性を見つけるという側面である。一般的には「ストレングス」と表現されるが，本章では，クライエントの生活をより身近に感じてもらうため，敢えて「意外性」と呼ぶこととする。それは，クライエントが担っている様々な役割を知ることでもある。ソーシャルワーカーが知らない姿のなかに，プランニングにつながる素材が埋もれていることも少なくない。

　あなたが支援しているクライエントにタグ（#）をつけるとしたらどのような名称をつけるだろうか。たとえば，お酒とギャンブルが大好きで浪費癖があり，支援を拒否する母親と関わっているとき，どのようなタグ（#）をつけるだろうか。もしかすると，真摯に課題解決に向き合おうとしない状況に憤りを覚え「怠惰な母親」というタグ（#）をつけるかもしれない。しかし，その母親は，週末に出かける趣味の料理教室では，知人から「一目置かれる調理の達人」としてタグ（#）づけされており，家庭においては「料理が上手な優しいお母さん」としてタグ（#）づけされているかもしれない。クライエントが過ごす場によって役割は変わり，関わる人によってタグ（#）づけが変化するのである。

　クライエントの意外性は，ソーシャルワーカーのまなざしを変化させる。そして，まなざしの変化は，これまでの関係性をも変化させる。関係性のアップデートは，課題解消のためのプランニングから「誰かの役に立っている」「誰

87

かに必要とされている」という体験や経験の機会を創出するエンパワメントの視点を加えたプランニングを可能とする。それは、クライエントの可能性を引き出すソーシャルワークにつながっていく。

3つ目は、システム理論を用いて考える側面である。家族システムへの働きかけを行うプランを考案する際には、ピンカス（A. Pincus）とミナハン（A. Minahan）が提唱したシステム理論を軸に考えることでプランに具体性が生まれてくる。システム理論の詳細については別の書籍に委ねるが、読者のわかりやすさと理解を深めることを優先するために、本章では、敢えて、各システムを次のように定義する。「チェンジ・エージェント・システム」を「支援者であるソーシャルワーカー」、「クライエント・システム」を「支援によって変容を加える対象」、「ターゲット・システム」を「クライエント・システムに働きかける前に変容を必要とする対象」、「アクション・システム」を「クライエント・システムに対して、直接的もしくは間接的に働きかける者」とする。

そのうえで、ここでは、不登校の事例をもとに検討してみたい。子どもの不登校について相談に来所した母親の話を整理していくなかで、以下の点が明らかになってきたとする。まず、母親の焦りや不安が強く、それらを子どもに投影していること。次に、父親は、母親の関わりを否定していること。また、祖父母も母親の対応が望ましくないことで不登校という状況が生じていると思い込んでいること。一方で、学校は、不登校に対して理解を示し、家庭訪問によって子どもと会うことができていること。このようなケースでは、子どもに支援を届けるために、母親と父親の関係性を変容させていくことが選択肢のひとつとなる。

具体的には、図7-2のように、父親を「ターゲット・システム」とし、母親を共感的に支える協力者になってもらうことを考える。その際、父親へ働きかける「アクション・システム」を母親と教員とする。その後、父親が母親と協働可能な関係性が、子ども自身の育ちを支えることになる（ターゲット・システムを祖父母とする選択肢もある）。

このようにして、システム理論を用いてプランを考案することで、家族の交互作用を利用しつつ、見通しを持った戦略的なソーシャルワークを展開するこ

第7章 ファミリーソーシャルワークの過程② アセスメントとプランニング

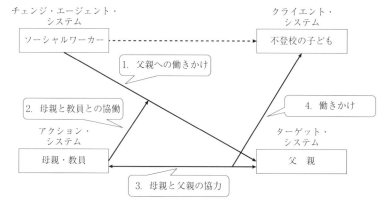

図7-2 システムから観るプランニング
出所:筆者作成。

とができるようになる。

3 「わたし」と「あなた」の「あいだ」を「観る」

　ここまで、家族を支えるソーシャルワークにおけるアセスメントとプランニングに関する支援の視点について述べた。最後に、ソーシャルワーカーとして自戒も込めて重視すべき点を記しておきたい。支援者にとって「支援」とは、課題解決・状況の改善など比較的前向きなイメージが強いだろう。しかし、クライエントにとっては、「今の状況が望ましくない」と自己を「否定」されていることと同義でもある。つまり、支援という働きかけが、クライエント自身を追いつめることにもなりかねないということである。

　援助関係とは「わたし(主体)」と「あなた(客体)」という構造のなかで成立することは確かであるが、その構造のなかにどのような「関係性」を創り出すかが問われている。

　「あなた」は、どのような「想い」を込めてクライエントへのまなざしを向けているだろうか? 「あなた」のなかのソーシャルワーカーに語りかけてほしい。

注
(1) 熊倉伸宏（2002）『面接法』新興医学出版社，19頁。
(2) 岩間伸之（2014）『支援困難事例と向き合う——18事例から学ぶ援助の視点と方法』中央法規出版，154頁。

参考文献
稲沢公一（2017）『援助関係論入門』有斐閣。
犬塚荘志（2022）『頭のいい人の対人関係——誰とでも対等な関係を築く交渉術』サンクチュアリ出版。
岩間伸之（2008）『支援困難事例へのアプローチ』メディカルレビュー社。
岩間伸之（2014）『支援困難事例と向き合う——18事例から学ぶ援助の視点と方法』中央法規出版。
上原久（2012）『ケア会議の技術2　事例理解の深め方』中央法規出版。
太田義弘（1999）『ソーシャルワーク実践と支援過程の展開』中央法規出版。
熊倉伸宏（2002）『面接法』新興医学出版社。
斎藤環（2020）『改訂版　社会的ひきこもり』PHP研究所。
細谷功（2020）『「具体⇔抽象」トレーニング——思考力が飛躍的にアップする29問』PHP研究所。
吉田穂波（2024）『頼るスキル頼られるスキル』KADOKAWA。
ヘプワース，D. H. ほか／武田信子監修／北島英治監訳（2015）『ダイレクト・ソーシャルワークハンドブック』明石書店。

学習課題
① 援助関係を構築するうえで，必要な信頼関係および信用関係を形成するために，ソーシャルワーカーとして大切にすべきことは何か考え，その理由を述べてみよう。
② 発達障害の子どもの子育てに苦労している母親の相談を受け支援を展開する際に，誰に何を働きかける必要があるのかシステム論を用いてプランを考案してみよう（家族構成等の事例の設定は読者の自由とする）。

コラム 支援者を，一人にしない

「消滅可能性自治体」，この言葉を聞いたことはありますか？ 簡単にいえば，若年女性人口が減り続け，出生率が低下し，総人口も減少していき，いつかは消滅してしまう恐れのある自治体のことです。私は，消滅可能性自治体に該当する三重県の南伊勢町，大紀町，度会町の福祉行政を担当している広域連合で働いています。この3町においては支援者の人数がとても少なく，各制度（高齢者福祉，障害者福祉，子育て支援等）を担当する職員が一人ずつしか配置されていないという機関がめずらしくありません。そういった支援者にも異動や退職があります。そうなれば次は新たな支援者が一人で1から現場を担当していく，このような状況が繰り返されています。

では現場はどうでしょう？ 過疎地だからといって課題が偏ることはなく，全国各地でみられる課題がほぼ同じように支援者に任されます。たとえば，雇用形態の変化により社会保険からこぼれ落ちそうな家庭の支援や家族形態の多様化により家族による支えあいが有効に機能しなくなった家庭の支援などであり，いわゆる多重問題といわれる相談は次々に挙がってきます。このような複雑化した相談に対応するのは，先ほど述べた「新しい」「一人の」支援者です。その支援者は自分の支援が適切なのかどうかの判断も明確にできないまま，別の支援に向かうことも少なくありません。不安・葛藤・限界……様々な感情を持ちながらも，一人で支援を続けます。いつしかその感情は「私には無理だ」と退職という行動につながったり，自分が関わる制度のみで強引に対応しようとしたり，「他の制度で対応してくれたらいいのに」と他責の念にかられたりと，孤独な支援者の苦悩が続きます。

このような地域において，度会広域連合の役割は「支援者を支えること」です。支援者の不安や葛藤に寄り添い共に考える関係を構築したり，一人の限界を超えるために他の専門職のネットワークにつなげたりと，支援者が本来の専門性を発揮できるように支援をします。そのために何より大切にしていることは，日頃の何気ない話ができる関係性をつくることです。少しずつ手ごたえを感じることができた支援者は，徐々に主体的に活躍の場を拡げていきます。また，ネットワークによる支援の総和を増やしていきます。しかし今後は，今まで以上に人口減少と支援者減少が進んでいきます。私たちは，その状況を受け入れ，その状況下においても希望を持つ支援者が自身の専門性を発揮することができるような制度を創造していくことも，福祉行政専門職にしかできない支援だと考えています。「支援者の伴走支援」と「支援者が働きやすい仕組みづくり」，これが私たち福祉行政専門職に任されたソーシャルワークです。 （度会広域連合　上田浩史）

第8章

ファミリーソーシャルワークの過程③
モニタリングとアフターフォロー

　人の生活の基盤となる重要な環境である家族という社会集団，家庭という居場所，すなわちファミリーのあり方は，メンバーそれぞれの生活の支えとなり得る一方，人生を縛る楔にもなり得るという二面性を持っている。本章ではソーシャルワーク開始後における重要な実践プロセスであるモニタリングとインターベーション後のアフターフォローの概要，ファミリーソーシャルワークにおける重要な視点について理解を深めよう。

1　モニタリングとは何か

（1）モニタリングの語源と意味するところ
　モニタリングとは監視する・観察する・記録する等の意味も持つ言葉であり，ラテン語で「警告する」という意味がある「モネラ（monere）」が語源である。テレビ画面やパソコンのディスプレイ等を表す「モニター（monitor）」も関連する言葉である。
　ソーシャルワークの開始時にはクライエントのニーズに応じた総合的な支援の目的・目標を設定し，想定されたニーズを充足するために，支援機関をはじめとしたフォーマルな社会資源とインフォーマルな社会資源の「強み」「弱み」を十分に考慮した上で，有機的に組み合わせ，支援のプランニングを行い，支援の開始による介入（インターベーション）を実施していくわけだが，当然すべてがプランどおりに進むとは限らない。思いもよらなかったアクシデントによって，進みたい道が阻まれることや，逆に想定以上のよい結果が得られるこ

ともある。

　また，新たな出会いがある等，様々な環境の変化によって本人の心境が変化し，夢や希望も当初とは変わってくる場合もある。モニタリングではこうした想定外の出来事や様々な変化を注意深く見守り，時として多岐にわたる支援が効果的に実施されているか，ソーシャルワークの展開過程における支援のあり方が今のままでよいのかどうかを定期的に確認し，想定された問題解決が図られない場合や，新たな問題が生じた場合等は再度のアセスメント・プランニングを行うことも検討していく。これらの検討を通して問題解決や目標達成が効果的になされていると判断されれば，ケースの終結となる場合もある。このようにクライエントの状況と周囲の環境，その接点に目を配り，よりよい支援を目指すための確認をすることがモニタリングである。

（2）ファミリーソーシャルワークにおけるモニタリングの留意点
　ファミリーソーシャルワークにおけるモニタリングの際には，家庭という場，家族という集団における人間関係（以下，ファミリー）をファミリーのメンバー同士が互いに影響を与え合っている一つのシステムとしてとらえ，家庭内・家族間構造と個人との関係性を丁寧に分析する必要がある。対個人一人ひとりの困り事の内容・夢や希望のあり方の個別性を考慮し，本人と周囲の環境のあり方を見渡すという視点から出発しつつも，ファミリーという社会集団の状態やあり方について検討するという視点，そして個人と個人を取り巻く環境としてファミリーがどのような存在・役割を果たしているか等の複眼的視点で視ることが求められる。

　たとえば，「保育所に通っていた子どもが小学校に入学する」「高校入試の準備が必要になる」「大学に入学し，一人暮らしを始める」等，ファミリーで一緒に過ごす時間の変化をはじめ，様々な状況の変化が生じると，行動範囲の変化，様々な人との出会いから，価値観や考え方が劇的に変化し，ファミリーのなかでの関係性に変化をもたらすこともある。

　モニタリングの際にはファミリーのなかの誰が誰にどんな影響を与えているか，ファミリーのメンバーそれぞれが意図して担っている役割や，意図せず

担っている役割に加え，力関係等の要素も的確に把握し，新たな課題，見えなかった課題が存在していないかという視点が求められる。さらに「個人のストレングス」と「環境のストレングス」を見出しながら，再アセスメントをすることが必要である。また，「ファミリー」は地域で生活をし，地域の一員であり，同様に影響し合う関係にあることも念頭に置くべきである。

（3）フォーマルなモニタリングとインフォーマルなモニタリング

ソーシャルワークにおけるモニタリングはその展開過程において専門的観点から実施される営みであり，実施方法やそのタイミングの明確な決まり事があるわけではない。しかし，福祉サービスの支援制度を活用する際に，法令上モニタリングを義務づけているケースがある。たとえば，介護保険法や障害者の日常生活及び社会生活を総合的に支援するための法律（障害者総合支援法）では，個別の支援計画などのいわゆる「ケアプラン」を作成することになっている。ケアプランに基づいた支援を開始した後にはモニタリングを決められた頻度で実施し，その記録を作成し，保管することになっている。ただし，こういった法令上のケアプランの作成やモニタリングはサービスの効率性のみではなく，季節の変化や家族の負担など視野を広げて見直す必要もある。

2　アフターフォロー

（1）アフターフォローとは

アフターフォローとは，サービスや商品を提供した後に，利用者・顧客の利用状況を確認することである。一般的に商品やサービスは契約によって利用者や顧客等の消費者に提供され，契約終了後は使用時の責任は消費者に移るが，その後，商品やサービスに対し，不安や不満が生じることがある。そのようなときにヒアリング等を通して状況を把握し，商品やサービスの使い方のアドバイスを行う等をして顧客満足度を高める営みである。さらにアフターケアはより積極的・能動的な顧客への関わりや対応を意味する言葉として使われることもあり，医療現場では手術後の丁寧な経過観察や管理，状況に応じたリハビリ

第8章 ファミリーソーシャルワークの過程③ モニタリングとアフターフォロー

表8-1 ソーシャルワーカー所属先別アフターフォローの例

ソーシャルワーカー所属先	ソーシャルワーカー職名	サービス終了理由例	アフターフォローの例	アフターフォロー先の例
乳児院	ファミリーソーシャルワーカー	児童養護施設への移行	・家族関係の調整 ・関係構築に関する継続的助言	児童養護施設、学校等
児童養護施設	ファミリーソーシャルワーカー	里親の決定	・家族関係の調整 ・関係構築に関する継続的助言 ・本人の進路に関する助言	就労先、里親、家族、学校等
児童相談所	児童福祉司	虐待による一時保護の終了	・虐待が起きていないかの確認 ・保護者などへの継続的相談支援	保護者、保育所、学校等
指定障害児相談支援事業所	相談支援専門員	小学校入学に伴う児童発達支援事業所の利用終了	・本人の特性に応じた環境設定のあり方についての共有 ・放課後等デイサービス等の他の福祉サービスの利用提案・リファー	学校、保護者、福祉サービス事業所等
精神科病院	精神科ソーシャルワーカー	病状回復による退院	・退院後の地域生活における通院医療の適切な活用について助言 ・就労先での症状悪化時の対処法等の助言	自宅、共同生活援助、就労先、訪問看護事業所等
指定特定相談支援事業所	相談支援専門員	65歳到達に伴う介護保険制度への移行	・65歳以降も利用できる福祉サービスの利用検討 ・本人の特性に応じた環境の設定に関する助言	介護保険サービス事業所(ヘルパー・デイサービス等)、居宅介護支援事業所、就労継続支援事業所等
放課後等デイサービス	児童発達支援管理責任者	成人年齢到達による障害福祉サービスへの移行	・本人の進路に関する助言・リファー ・環境不適応の際の助言	就労移行支援事業所、指定特定相談支援事業所等

出所:筆者作成。

テーションの実施等を含むこともある。いずれにしてもサービス提供終了後の情報の把握や，顧客へ事後（アフター）のアプローチをすることは，商品やサービスの改善点の発見にもなり，顧客満足度を高め，リピーターや新しい顧客の獲得につながる重要な取り組みである。

（2）アフターフォローの内容

表8-1はソーシャルワーク実践の場となり得る現場でのアフターフォローのあり方について例示したものである。ソーシャルワークにおけるモニタリングを通じて，クライエントの問題や課題が解決された場合や，課題は残るもののソーシャルワーカーが担当せずともクライエント自身や周囲の人々の力で解決可能な場合等，本人のニーズの充足状況や，一定の目標を達成したと見なされた場合，クライエントとのソーシャルワークの契約（エンゲージメント）は終了し，ケースは終結（ターミネーション）となる。また，福祉サービスの利用を終了する場合や，クライエントとソーシャルワーカーの関係性に不具合が生じ，別の関係機関に事業所を変更する場合は，制度としての支援の契約関係は終結となる。ソーシャルワーカーとクライエントという専門的な援助関係が解消されることによって，クライエントの生活は新たな局面を迎える。ただ，新しい環境でより本人の力が発揮できるように，また再び支援が必要になったときに再度の受け入れがスムーズにいくように，終結後も適宜クライエントの状況を把握しておくことが重要である。

3 「子どもの最善の利益」に視点を置いたソーシャルワーク実践から考える検討課題

（1）子どもの権利と子どもの最善の利益

子どもに関するケースの場合，ソーシャルワーカーが契約する相手は原則として保護者ということになる。契約を結ぶのも解除するのも保護者の判断に委ねられるため，保護者の意向に沿うことを前提とした行動をとらざるを得ない場面が多くなりがちである。保護者の意向と子どもの思いが相反するもので

第8章　ファミリーソーシャルワークの過程③　モニタリングとアフターフォロー

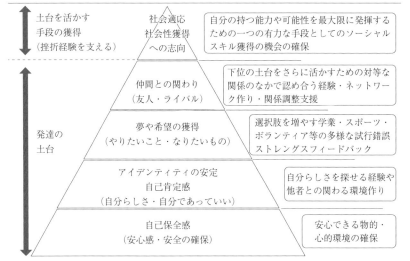

図8-1　子どもの未来の幸せを視野に入れた「発達の土台」のあり方
出所：筆者作成。

あった場合，保護者の意向よりも，子どもの最善の利益を最優先することを前提とした実践を目指すことは茨の道であるといっても決して過言ではない。

子どもに関する支援を展開するにあたっては，ファミリーが置かれている複合的な「目の前の問題や本人・家族の困り感を解決する」という視点と，子どもの二次障害等の未来に起こり得る問題も視野に入れた見立てが必要となる。たとえば，保護者は自分の子どもに対して何らかの発達に課題を抱えソーシャルスキルに問題があると指摘されると，本人の能力の問題と考え，療育などを活用した早期の訓練によって改善することを考えがちである。しかし，この早期の社会適応のための訓練がかえって本人を苦しめることも少なくない。

図8-1はソーシャルスキルを獲得するにあたって必要な土台を表したものである。ソーシャルスキルの獲得は，個人の人生をよりよくするための手段であり，その土台には自分にとって安心・安全な場所があり，自分らしくあれるというアイデンティティが存在することが前提として必要である。そんな発達

の土台といえるものをしっかりと築いた上での取り組みとすることが重要である。モニタリングやアフターフォローの際の評価においても，今取り組んでいることが，将来の幸せにつながるものになっているかどうかを子どもの視点に立って周囲の人々にもしっかりと確認し，視野を広げる必要がある。

（2）迷い・揺らぎを含めた「地域に在る家族」いう力動にも着目する

　家族という結びつきはコミュニケーションや関係性が濃密であるがゆえに，相互に影響を受ける感情や意思の「揺らぎ」が生じ，予測し難い変化が生じる。また，ソーシャルワークは本人の自己決定を重要視するが，依存的関係が起きやすく，家族間の権力関係や自他境界線（バウンダリー）の問題等，複合的・双方向的要素により，一度自分で決めたことも家族の状況の変化や家族からの様々なアプローチによる「迷い」「揺らぎ」のなかで，支援計画の方向性の転換を迫られることも少なからず起きる。

　得津[1]は危機的状況や時間の経過につれて，家族関係の役割や力関係，すなわち家族構造が変化し，それを反映して家族のコミュニケーションが変化し，家族間の関係が再規定されるという循環が見られることを指摘している。また，さらに揺らいでは鎮まる家族レジリエンス[2]に着目することの重要性について事例を用いて示唆している。つまり，家族という関係性のなかで，表出される本人の希望が変化することも考慮に入れることが重要である。

　モニタリングの際は，関係者それぞれの表出していない思いや，個々人の揺れ動く思いが交差することで「共振」が起こる可能性を考慮に入れた上で，今後の支援のあり方について合意形成を目指すための視点を持ち，ファミリーメンバーのお互いの思いを代弁することや，選択することのメリットとデメリットなどを丁寧に説明すること等が求められる。このようにファミリーソーシャルワークを展開するにあたっては，ファミリーに存在する問題の歪の影響を受けやすい「子ども」の最善の利益を念頭に置き，子どもの成育歴をはじめとした過去の状況を踏まえて今の課題について十分なアセスメントを行わなければならない。その際，顕在化したニーズだけを見るのではなく，発達段階や自己肯定感等の発達の土台が形成されているかどうかを十分に確認し，ファミリー

メンバー同士の関係性を踏まえ，子どもの今と未来の幸せの多様なあり方・可能性を交互に俯瞰して「視る眼」が求められる。近視眼的になりがちな相談支援実践から脱却し，未来を見据え，クライエントが今置かれている状況を周囲の環境を含め，俯瞰する必要がある。そして，この複雑な連立方程式ともいえる，本人と関係者の「多様な幸せのあり方」の多様な「解」を，本人と家族と共に探し続ける姿勢を持ち続けることがファミリーソーシャルワーカーの心得として求められる。

注
(1) 得津愼子（2017）「家族の変容における家族レジリエンスを読み解く——中途障害者家族の系時的聞き取り調査の会話の分析から」『関西福祉科学大学総合福祉科学研究』8，17〜29頁。
(2) レジリエンスとは柔軟性や弾力性を表す言葉で，家族レジリエンスとは様々なストレスや逆境にさらされた際に，家族の本来あるべき望ましい姿を取り戻せる力のことを指す。

参考文献
杉本敏夫監修／立花直樹・小口将典・竹下徹・九十九綾子・汲田千賀子編著（2023）『ソーシャルワークの理論と方法Ⅰ（共通）』ミネルヴァ書房。
小榮住まゆ子（2023）「ファミリーソーシャルワークにおけるステップファミリー支援の現状と課題」『離婚・再婚家族と子ども研究』5，83〜92頁。

学習課題
① 親等の家族の意見によって自分の意思決定や人生において重要な選択が変わった事例や変わらなかった事例を思い出し，その違いやどんな支援があればよりよかったかについて書き出してみよう。
② ①で書き出した事例をグループで見せ合い，実際にケアプランを作成してみよう。

第Ⅱ部　家族へのソーシャルワーク

コラム　ペットは家族？

　実家にシーズーの子犬（雄）がやってきたのは10年前のことでした。子ども3人が巣立ち，これまで生活の中心となっていた仕事も定年を迎え，2人きりの老夫婦の暮らしに愛情を注ぐ楽しみや散歩などの日課ができればというのがきっかけでした。名前は「コロン」と言います。その日から，私たち家族の一員としてコロンとの歩みがはじまりました。祖母が亡くなった時，甥っ子の小学校の入学式・卒業式，家族の誕生日，お正月，豪雨の時など数えきれない記憶のなかで，悲しい時，楽しい時，不安で眠れない夜も私たち家族にはコロンが一緒でした。

　私たち家族のように現代の日本において，ペットは単なる飼い主と動物の関係を超えて，多くの場合「家族」として迎え入れられています。ある調査によると，2023年のペット飼育数は，犬684万406匹，猫906万9000匹であわせると約1591.1万匹となっています。ペットを飼う理由として，「生活に癒し・安らぎが欲しかったから」「生活を充実させたいから」という意見が多くを占めています。さらに，72.9％がペットを家族（ヒト）と「全く同等」「ほぼ同等」の存在だと意識しているという報告もあります。ペット（動物）の純粋さが人々の心を打ち，感情的な安心感や癒しをもたらしてくれるのかもしれません。

　ペットが家族の一員であることは，別れの辛さも一層深いものになります。犬の平均寿命は約10年と言われています。コロンとの別れも突然訪れました。毎日，ほとんどの時間を一緒に過ごしてきた父がパーキンソン病を患ったことで身体の自由がきかなくな

り，これからは病院での治療やリハビリに専念してほしいという時期を見計らうように，10歳3か月で静かに旅立っていきました。私たち家族は今いわゆる「ペットロス」と呼ばれる喪失感と言い表すことのできない寂しさを経験しています。

　窓越しに家族の帰りを待っている姿，首につけた鈴の音，ご飯をおねだりする手のしぐさ，ソファーの寝床を取り合った日々，あの臭い耳の匂い，そのすべてが日常の中にありました。コロンとの時間は私たち家族に笑顔と絆，そして振り返ることのできる大切な思い出を残してくれました。10年3か月のあいだ共に過ごした時間はしっかりと家族の歴史に刻まれています。

参考文献：ペットフード協会「全国犬猫飼育実態調査」(https://petfood.or.jp/data-chart/　2024年12月8日閲覧)。サンセルモ「ペットの家族化に対する意識調査」(https://suncelmo.co.jp/2023/01/31/2668/　2024年12月8日閲覧)。

（関西福祉科学大学　小口将典）

第Ⅲ部
ファミリーソーシャルワークの実際

第9章

子育て家庭への支援

　本章では,まず子育て支援についての考え方を整理する。また,子育て家庭をめぐる現状や諸課題に目を向けながら子育て支援の目的や意義について考えていく。さらに子育て支援を担う実践者と子育て家庭の間で築くパートナーシップ形成の重要性に触れながら,子育て支援の展開において活用されるソーシャルワークの意義や活用に際しての留意点について説明する。

1　子育て支援の現状

(1) 保護者支援と子育て支援

　子育て家庭への支援にあてられる用語は様々である。これまでに保育や社会福祉実践の世界で広く普及,活用されている用語の主なものには「保護者支援」や「子育て支援」が挙げられる。

　「保護者支援」や「子育て支援」といった用語は,何かの法律や公文書において確固とした定義があるわけではない。そのため,しばしばそれら用語は同じ意味で用いられたり,あるいは支援の目的,対象,内容に応じて,異なる意味をもつ用語としての使い分けがなされることもある。こうした状況を踏まえ,「子育て支援」という用語に着目する寺田[1]は,その言葉の曖昧さゆえに,「何を目的として誰を支援するのか」という点において一致した見解がなく,子育て支援現場で混乱を招いていると述べており,子育て家庭への支援にあてられる用語の解釈や活用に係る問題点を指摘している。

　そこで,本節では,これまでに「保護者支援」や「子育て支援」がどのよう

にとらえられているのか，その考え方を紹介し，両者の概念について整理する。

（２）保護者支援とは何か

　保育や社会福祉の領域において「保護者支援」という用語の普及を支えた出来事が1997（平成９）年の児童福祉法改正や2001（平成13）年の児童福祉法改正である。

　1997（平成９）年の児童福祉法改正では，保育所による情報提供および保育相談に関する事項が設けられ，保育所が有する機能のひとつに「相談・助言」といった機能が新たに加えられた。具体的には，地域の住民に対し，その保育に関し情報提供を行うとともに，乳幼児等の保育に関する相談に応じ，助言を行うよう努めなければならないとする内容である。

　一方で，2001（平成13）年の法改正では，保育士は国家資格となり，その法的定義として「専門的知識及び技術をもつて，児童の保育及び児童の保護者に対する保育に関する指導を行うことを業とする者」（第18条の４）と規定された。また，これとあわせてその資質向上を図るために「保育所に勤務する保育士は，乳幼児に関する相談に応じ，助言を行うための知識及び技能の修得，維持及び向上に努めなければならない」（改正時条文，現・第48条の４第２項）とされた。

　こうした一連の法改正でうかがえる要点は，子どもの健やかな育ちを支えるために，直接的な子どもの保育だけでなく，豊かな家庭による子育ての営みに寄与するため保護者への相談支援の重要性を唱える部分にある。

　さらに，児童福祉法改正に加えて「保護者支援」という用語が保育現場を中心に，より一層普及，浸透する契機になった出来事に2008（平成20）年の保育所保育指針（以下，保育指針）の第三次改定が挙げられる。

　保育指針とは，保育所保育の基本となる考え方や保育のねらいおよび内容など保育の実施に関する事項とこれに関連する運営に関する事項について定められた保育を進める上での指針であり，2008（平成20）年の保育所保育指針改定の際に告示化され，規範性を有する基準としての性格をもつものである。[2]

　そして，このときの改定で，はじめて「保護者に対する支援」が独立した章として第６章に設けられ，保護者支援の原則や基本を踏まえ，保育所の特性を

生かした入所児の保護者への支援に関する内容が示された。保育指針に「保護者支援」が保育士の業務として明記されたことを受け，「保育所」「保護者支援」をキーワードにする研究活動もこの頃から飛躍的に進展し，とくに今日までに，保護者支援の方法を探索する研究も多く出現している。

　さて，こうした経緯を踏まえながら，改めて保護者支援とは何かについて考えてみたい。保護者支援をとらえる際に，参考となるのが橋本による考え方[3]である。

　橋本は，先述の「保育指導」を取り上げ，「保護者支援」についての説明を行っている。保育所保育指針解説書（以下，保育指針解説書）では，保護者への支援の基本となる保育士の専門的業務が「保育指導」であり，その意味は「子どもの保育の専門性を有する保育士が，保育に関する専門的知識・技術を背景としながら保護者が支援を求めている子育ての問題や課題に対して，保護者の気持ちを受け止めつつ，安定した親子関係や養育力の向上をめざして行う子どもの養育（保育）に関する相談，助言，行動見本の提示その他の援助業務の総体」とされている。橋本は，こうした保育指針解説書による「保育指導」の考え方を受けて，「保護者に対する支援」とはカウンセリングやソーシャルワークとは異なる「保育」の知識や技術を基盤とした専門的な援助行為ととらえている。

　こうした橋本による説明を踏まえ，端的に「保護者支援」を言い表せば，保護者を支援の対象とみなし，「保育」の知識や技術を基盤として安定した親子関係や養育力の向上を目指して行う支援と理解することができる。

（3）子育て支援とは何か

　子育て支援とは，子どもと親，ひいては家庭のウェルビーイングの実現にアプローチする営みである。この「ウェルビーイング」は，しばしば「ウェルフェア」との対比でとらえられる。「ウェルフェア」が社会的に弱い立場にある人々への制度や援助観を指す文脈で使用される[4]用語とされる一方で，「ウェルビーイング」とは個人の権利や自己実現が保障され，身体的・精神的・社会的に良好な状態にあることを意味する概念である[5]。2003（平成15）年6月の日

第 9 章　子育て家庭への支援

図 9-1　保護者支援と子育て支援
出所：筆者作成。イラストデザイン古田海南子。

　本学術会議第18期社会福祉・社会保障研究連絡委員会による「ソーシャルワークが展開できる社会システムづくりへの提案」と題する報告書では，ウェルビーイングとは，個人の人権の尊重を前提に自己実現の促進を目的とした積極的でより権利性の強い意味合いを含んだものとして理解されており，ウェルフェアは，その前史として，貧困対策としての救貧的，慈恵的イメージを伴ってきたとの見方が示されている。
　では，家庭のウェルビーイングの実現にアプローチする子育て支援の現在地として，具体的にどのようなとらえ方があるだろうか。
　子育て支援を「子育てという営みあるいは養育機能に対して，私的・社会的・公的機能が支援的にかかわることにより，安心して子どもを産み育てる環境をつくるとともに，子どもの健やかな育ちを促すことを目的とする営み」と説明するのは大豆生田である。長らく子どもを預かる行為そのものが子育て支援と認識されてきた歴史的潮流のなかで，子育て支援とは，子どもの健やかな育ちを促すことを目的として，家庭や近隣，地域の多様な機関・団体がその実現のための環境をつくる営みとして理解される。

2　子育て支援の目的と意義

　前節における子育て支援の考え方を踏まえ，改めて子育て支援の目的を整理しておくと，それは子どもの育ちを支え，促すことにある。

　今日のわが国における子育ての諸課題のひとつには家庭の育児不安があり，2020（令和2）年度文部科学省委託調査[8]では，その実態について確認することができる。本調査では，子育てについての悩みや不安の程度についての結果が明らかにされており，悩みや不安を感じる（「いつも感じる」と「たまに感じる」の合計）と回答する者の割合は約7割（69.8%）に上り，その内容については，「子供の生活習慣の乱れについて悩みや不安がある」（42.9%）で最も高く，次いで「しつけの仕方が分からない」（40.6%），「子供の健康や発達について悩みや不安がある」（38.4%）といった順になっている。このような家庭における育児不安の増大を背景に，近年では，家庭の育児不安を軽減するための規定要因も明らかにされている。種々の規定要因があるなかで，とりわけ飯田ら[9]は，母親の育児不安を軽減するための要因を，「外的な要因」と「内的な要因」に分けている。「外的な要因」のひとつには社会的なサポートが挙げられ，これには夫の育児参加はもちろん，家族からのサポート，家族以外の地域からのサポート，そして母親が有職者の場合は職場からのサポート等が考えられる。また「内的な要因」については，育児期における母親の自尊感情に注目する必要があるとし，育児不安の軽減にむかって母親の心理的要因について掘り下げて考えることへの重要性を唱えている。子育て支援は，こうした「外的要因」に挙げられる社会的なサポートを必要に応じ子育て家庭に結び付けたり，「内的要因」に挙げられる子育てに向き合う親の自尊感情を高めるような関わりを通して，育児不安の軽減にアプローチし，家庭の豊かな子育ての営みに寄与するといった役割をもっている。

　さらに家庭の豊かな子育てを通じて子どもの育ちを促すには，家庭の育児不安の軽減に資するだけでなく，保護者が子どもの成長を感じとり，子育てに充実感を覚えながら養育力の向上につながるような支援も大切となる。なお，こ

第 9 章　子育て家庭への支援

表 9 - 1　保育所保育指針における子育て支援に関する考え方

第4章　子育て支援 1　保育所における子育て支援に関する基本的事項 　(1) 保育所の特性を生かした子育て支援 イ　保育及び子育てに関する知識や技術など，保育士等の専門性や，子どもが常に存在する環境など，保育所の特性を生かし，保護者が子どもの成長に気付き子育ての喜びを感じられるように努めること。

出所：厚生労働省「保育所保育指針」（平成29年03月31日厚生労働省告示第117号）。

うした子育て支援に関する考え方は，表9－1に示す保育指針(10)にも現れている。

　保育指針の規定内容を受けて，保育指針解説(11)では，保護者の養育力の向上につながる取り組みとして，保育所を利用する保護者に対して，保育参観や参加などの機会を，また地域の子育て家庭に対しては，行事への親子参加や保育体験への参加等を通じて，保護者が自分の子どもの育ちを客観的にとらえることができる機会をつくることの重要性が示されている。さらに，子どもを中心に据え，子育て支援の実践者と保護者との間で，子どもの成長や子育てに対するやりがいや喜びを共有できるような創意工夫を凝らした取り組みも重要となる。こうした一連の取り組みは次節で取り上げる子育て支援の実践者と保護者のパートナーシップの形成に影響を及ぼす。

3　子育て支援の展開にあたっての留意点

　子どもの成長を支え，それを促すことを目的とする子育て支援の展開にあっては，子育て支援の実践者と保護者のパートナーシップの形成が欠かせない。なぜなら，パートナーシップの形成は子どもの健やかな育ちを促す保育現場の保育と家庭の子育ての充実に深く関わるためである。図9－2に示すとおり，パートナーシップが強まることによって，家庭のなかでみせる多彩な子どもの育ちの姿が保護者から保育者に伝達される可能性は高まる。家庭による子育ての営みのなかで日々変化する子どもの物事への興味・関心をはじめ，育ちに関する様々な情報を保育者が手に取ることによって，子どもの理解は深まり，保育はより充実をみせる。またパートナーシップの形成は，保護者からの相談ア

第Ⅲ部　ファミリーソーシャルワークの実際

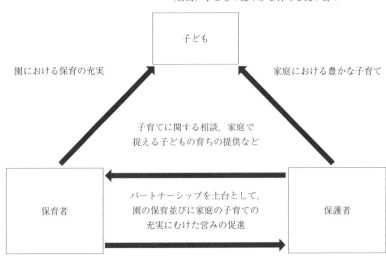

図9-2　保育現場で展開される子育て支援
出所：竹下徹・久保英樹・牛島豊広・金子幸・田島望・黒木真吾（2024）「子育て支援における
　　　ソーシャルワーク援用の意義と保育者養成の課題」『山陽社会科学研究』4，15頁。

クセスを高め，その保護者がいま子育てにおいてどのようなことにつまずいているのか，また保護者が抱える支援ニーズとは何か，その把握を促す手立てともなる。保護者が抱える支援ニーズが明らかにされれば，それに基づいて保育者からの必要な支援を届けることができ，家庭における養育力の向上にも寄与できる。このようにパートナーシップは園の保育並びに家庭の子育ての好循環に欠かせない要素である。

　そして，保護者と保育者のパートナーシップを土台に園の保育並びに家庭の子育てが充実し，子どもの健やかな育ちの実現にアプローチするには，子育て支援を進めるための体系化された支援方法が必要となり，そのひとつが「ソーシャルワーク」といえる。ソーシャルワーク実践は，クライエントとの支援関係の構築が前提で展開される支援であり，対話とそれに係る様々な技法を援用しながら支援対象とのパートナーシップを形成していくことに強みをもつ支援方法のひとつと理解される。

バイステックの7原則（①個別化の原則，②意図的な感情表出の原則，③統制された情緒的関与の原則，④受容の原則，⑤非審判的態度の原則，⑥自己決定の原則，⑦秘密保持の原則）にみられるような支援原則を基調に据えた実践や支援対象者の強みや長所，すなわちストレングスに着目し，それを認め生かす支援が展開されることによって，実践者と支援対象者との間には協働的な関係性が芽生え，支援対象者の問題解決力を引き出そうとするのがソーシャルワークの特長でもある。またソーシャルワークの機能には，権利擁護・代弁・エンパワメント，支持・援助，仲介・調整・組織化，社会資源開発・社会開発などが挙げられるが，このうち，権利擁護・代弁・エンパワメントや支持・援助といった機能は保護者と保育者のパートナーシップの形成には欠かせない機能である。[13]

　子育て支援を担う実践者は，自身の経験則のみに頼るのではなく，支援方法としてソーシャルワークの特長や機能を子育て支援に効果的に活用することによって，子育て支援の目的の実現にアプローチしようとする姿勢や態度が求められる。

注

(1) 寺田恭子（2012）「親子の主体性育成を目的とする子育て支援に関する一考察――『親と子の関係性』に着目して」『プール学院大学研究紀要』52，165頁。
(2) 厚生労働省編（2018）『保育所保育指針解説』フレーベル館，2頁。
(3) 森上史朗・柏女霊峰編（2015）『保育用語辞典（第8版）』ミネルヴァ書房，189頁。
(4) 山縣文治・柏女霊峰編集代表（2010）『社会福祉用語辞典（第8版）』ミネルヴァ書房，20頁。
(5) (4)と同じ。
(6) 日本学術会議第18期社会福祉・社会保障研究連絡委員会報告「ソーシャルワークが展開できる社会システムづくりへの提案」2003年6月24日，8頁。
(7) (3)と同じ，357頁。
(8) 令和2年度文部科学省委託調査「家庭教育の総合的推進に関する調査研究――家庭教育支援の充実に向けた保護者の意識に関する実態把握調査」報告書，株式会社インテージリサーチ，2021年2月。
(9) 飯田麻衣子・園田菜摘（2017）「育児期の母親の育児不安を規定する要因――自

第Ⅲ部　ファミリーソーシャルワークの実際

　　　尊感情，キャリア選択の希望との関連」『教育デザイン研究』8，157頁。
⑽　厚生労働省「保育所保育指針」(平成29年03月31日告示第117号)。
⑾　(2)と同じ，329～331頁。
⑿　竹下徹・久保英樹・牛島豊広・金子幸・田島望・黒木真吾（2024）「子育て支援におけるソーシャルワーク援用の意義と保育者養成の課題」『山陽社会科学研究』4，15頁。
⒀　社会保障審議会福祉部会福祉人材確保専門委員会（平成30年3月27日）「ソーシャルワーク専門職である社会福祉士に求められる役割等について」6頁。

学習課題
①　ソーシャルワークの技法や機能について取り上げ，子育て支援を展開する上で，具体的にそれらをどのように生かすことができるかについて話し合ってみよう。
②　子育て支援を担う実践者と保護者との間で，子どもの成長や子育てに対するやりがいや喜びを共有できる創意工夫を凝らした取り組みについて考えてみよう。

コラム　家庭と向き合う

　「子どもが言うことを聞いてくれないからイライラする」「ずっと子どもと一緒にいるとしんどい」「1人で育てられない」など，子育てに関する様々な悩みや葛藤を抱えた保護者の問題や課題に向き合っています。私が働いている児童家庭支援センターでの業務は多岐にわたります。相談を受けている家庭の支援方針やアプローチ方法の検討，関係機関との連絡や調整，家庭訪問など，それぞれのニーズに合わせて行えるように取り組んでいます。

　そのなかで，保護者の方が家庭での養育が困難な際に一時的に子どもを預かるショートステイ事業では多重問題を抱え疲弊した家庭と関わることが多いと感じています。ここ数年では利用に関する問い合わせが急激な増加傾向にあり，個々の家庭状況について話を伺った上で，その一時の支援として終わるのではなく継続的な関わりを持てるように試行錯誤しています。しかし，保護者の話を聴いていると誰のために相談に乗っているのかとわからなくなってしまうことがあります。そのような話を日々聴き続けていると，保護者を中心として支援を一緒に考えるなか，子どものことを踏まえた上で関われているのかと感じます。保護者，子どもを個々でとらえることも重要です。しかし，個々だけではなく一つの家庭としてとらえ，その家庭が思い描く日常の生活を送れるように一緒に考えて支援すること，保護者の立場と子どもの立場にしっかりと目線を合わせること，自身の感受性に意識を向けることが，私は大切ではないかと思っています。また，このような関わりが子どもと保護者を中心に置いた支援の原点に自分を立ち返らせてくれるものだとも感じています。

　保護者と支援者とで目標の認識にズレがないか確認すること，保護者が考えていることや感じていることの背景を読み取ること，それは相談援助に携わる専門職にとって当たり前のことかもしれませんが簡単なことではありません。しかし，その当たり前の相談を聴く，一緒に考えるという姿勢はソーシャルワーカーとして磨き続けなければならないスキルです。対応に戸惑うケースであっても，一つひとつの家庭と最後まで向き合える支援者でありたいと思います。

（児童家庭支援センター博愛社相談支援部門　小原大輔）

第10章

高齢者を介護する家族への支援

　わが国では，高齢者介護において「家族」が大きな役割を果たしている。この状況は，介護保険制度が導入された2000（平成12）年以降も変わっていない。そのため，家族の介護力が要介護者の施設入所を遅らせたり，在宅生活の継続に影響する。超高齢社会のなかで介護を担う家族の状況も変化している。要介護者はもちろんのこと家族を支援する，つまり家族福祉の向上を考えていかなければ，介護の継続は困難である。介護は家族固有に起こるものではなく，家族が社会的に担うものであり，家族と社会がともに担うものである(1)。本章では，高齢者介護の現状を理解しながら，介護を担う家族への支援について学ぶ。

1　家族形態の変化と介護

（1）夫婦のみ世帯と単身世帯の増加
①　様々な介護の形
　わが国の65歳以上の者のいる世帯は，全世帯の半数を占めている。子ども世帯との同居も減少し，高齢夫婦のみ世帯や高齢者の単身世帯（一人暮らし）が増えている。つまり，現代の介護は高齢者同士の同居よる「老老介護」や，近くに住む家族が介護に通う「別居介護」によって成り立つといっても過言ではない。また，介護を家族以外の第三者に委ねる方法もある。きょうだい間の介護もみられるが，その場合も老老介護の状況がみられる。配偶者間の介護においても双方に認知症の症状がある「認認介護」も増えている。

② 家族介護者の変化

長い間，介護は伝統的な家父長制的家族形態によって，3世代世帯の直系家族の嫁が担ってきたという歴史がある。家族の問題は家族のなかで解決されることが一般的であり，社会問題という認識にはならなかった。しかしながら，2000（平成12）年の介護保険制度の導入は介護を家族だけで担う限界から「介護の社会化」を進めていくことになった。それまで，主に「嫁」が担っていた介護は，2013（平成25）年以降主たる介護者の割合が変化し，「息子」，「娘」による介護と「嫁」による介護の割合はほぼ変わらなくなった。介護を担うのは主に女性という時代から，男性介護者の存在も目立つようになった。これは，住まい方の変化（核家族化）と女性の社会進出が進んだことにより，共働き世帯が増加したことが影響している。要介護者が在宅で暮らし続ける場合には，同居・別居を問わず，家族がその介護を第一義的に担うことになる。介護者という役割は，現代では家族がライフサイクルのなかで初めて出会う新しい体験ともいえる。

③ シングル介護とダブルケア

同居の有無にかかわらず，未婚の子どもが介護するケースを「シングル介護」という。未婚の子どもが介護を担うケースでは，仕事の両立や相談できる人がいない場合も多い。8050問題においても，相談者がいないなどの課題がある。8050問題とは，80代の親が自宅にひきこもる50代の子どもの生活を支え，いずれ多くのケースで経済的にも精神的にも支えきれなくなる状況をいう。8050問題で顕在化が予想されることとして，介護問題や虐待がある。(2)

一方，少子化と晩婚化が進み，育児と介護を同時に行う「ダブルケア」や「多重介護」をする人たちもいる。ダブルケアは，2012（平成24）年につくられた造語である。その渦中にいる年代は，30～40歳代といわれている。2016（平成28）年に行われた調査では，推定25万人がダブルケアをしていると報告されている。また，「多重介護」をする人たちの存在も明らかになってきている。たとえば，認知症の祖父の介護と，子どもの不登校の課題を抱えるケースや，寝たきりの祖母の介護をしながら，入院中の息子の見舞い，さらにはアルコール依存症の夫の課題を抱えているケースである。

（2） 家族の孤立化

　現代社会は，プライバシーを守るために，特に集合住宅などでは表札がなく，誰が住んでいるのかわかりにくい。また，自治会や老人クラブへの加入率も低下しており，近隣住民を知らないことも増えてきている。地域でのつながりの希薄化は進んでいる。そのため，家族に何か問題が生じた場合には，家族の力のみで解決しなければならない。たとえば，家族に要介護者がいた場合に，そのことを隣人も知らないこともある。かつての社会では，地域のなかで助け合いが行われており，地域が家族を見守り支えてくれることも多かった。しかし，それを家族が一手に引き受けなければならないのが，今日の状況である。

（3） 働き盛りが担う介護とその限界

①　介護と仕事を両立する

　家族介護を担っている人のうち仕事と両立している人は，約半数といわれている。「令和4年就業構造基礎調査」によると，2022（令和4）年10月の時点において，全国で約364.6万人が介護をしながら働いているという。50～54歳では，男性88.5％，女性71.8％が仕事と介護を両立させている。一方で，要介護状態にある家族が体調を崩したり，介護サービスの利用がうまくいかなかったりすると，仕事を休まざるを得ないこともあるだろう。そうしたことがたびたび続くようになれば，介護者は仕事を続けられないかもしれないと考える。

②　介護を理由とする離職

　家族の介護を理由に仕事を辞めることを「介護離職」という。厚生労働省の「雇用動向調査」では，2022（令和4）年度に離職した人のうち，「介護・看護」を理由としていたのは，約10.6万人と報告された。年齢は，男女ともに55～59歳が最も高くなっている。離職した理由としては，介護休業制度などを取得しづらい雰囲気であることや，介護保険サービスが利用できなかったり，利用方法がわからなかったことがある。総務省が2022（令和4）年に行った調査によると，介護休業や介護休暇を利用した人は，わずか11.6％であり，家族介護をする人たちへの周知が課題となっている。働き盛りの介護者の離職は，家計に影響することもある。また，在宅介護が終わったあとに再び就職することや生

計をどのように立てていくのかなど課題がある。なお，介護休暇や休業に関しては第3節で詳しく述べる。

2　家族介護が抱える不安と負担

(1) 在宅介護の実態
① 介護が必要になった理由
高齢者はどのような場合に介護が必要となるのだろうか。2022（令和4）年の「国民生活基礎調査」によると（表10-1），要介護1～3では，介護が必要となった理由の第1位は「認知症」，第2位は「脳血管疾患（脳卒中）」，第3位は「骨折・転倒」である。また，要介護4・5では，「脳血管疾患（脳卒中）」が第1位である。この場合には，後遺症によって身体機能が低下した高齢者が身の回りの介護を必要としていることを意味しており，場合によっては寝たきり状態にある高齢者の全介助も想定される。認知症の場合には，認知機能が低下し，日常生活のなかでも気にかけることや見守りが必要となる。

② 介護に費やす時間
厚生労働省は，介護時間に関する調査結果を公表している。それによると，「必要な時に手をかす程度」が45.0％，「ほとんど終日」19.0％，「半日程度」11.1％，「2～3時間程度」10.9％であり，要介護度が高くなるにつれ，「ほとんど終日」介護をしている割合が高くなっている。なかでも，要介護5の高齢者を介護している場合には，63.1％の介護者が「ほとんど終日」と回答している（図10-1）。

表10-1　要介護度別にみた介護が必要となった原因（上位3位） (％)

	第1位		第2位		第3位	
要介護1	認知症	26.4	脳血管疾患（脳卒中）	14.5	骨折・転倒	13.1
要介護2	認知症	23.6	脳血管疾患（脳卒中）	17.5	骨折・転倒	11.0
要介護3	認知症	25.3	脳血管疾患（脳卒中）	19.6	骨折・転倒	12.8
要介護4	脳血管疾患（脳卒中）	28.0	骨折・転倒	18.7	認知症	14.4
要介護5	脳血管疾患（脳卒中）	26.3	認知症	23.1	骨折・転倒	11.3

出所：厚生労働省「2022（令和4）年度国民生活基礎調査」より。

第Ⅲ部　ファミリーソーシャルワークの実際

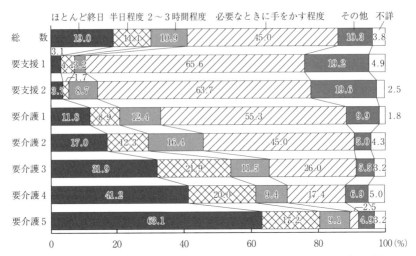

図10-1　要介護別にみた「同居の主な介護者」の介護時間の構成割合（2022年）
出所：厚生労働省「2022（令和4）年度国民生活基礎調査」より。

一日のうち多くの時間を介護に費やすようになると，それまで築いてきた家族，友人・知人などとの関係に変化が生じることもある。

（2）家族介護の内容と介護負担

介護は，その内容を直接的介護と間接的介護に分けることができる。直接的な介護とは，身体に直接触る行為のことで，着替え，移乗，排泄，入浴をはじめとする身の回りの世話を指す。間接的介護は，直接的介護以外の行為のすべてを指す。たとえば，買い物，毎日の食事の準備，洗濯，掃除，財産管理などを高齢者に代わって介護者が行う。また，病院受診への同行・付添いをしたり，医師に状況を説明したり，介護サービスの利用の調整のためにケアマネジャーと面談することもある（表10-2）。

このような介護に生じるのは，①将来に関する不安，②介護行為そのものに対する不安，③取り残されていく不安だという(4)。特に，高齢者介護はいつまで続くのかわからないことや，懸命に介護しても，必ずしも要介護者のADLが向上したり，改善するとは限らないことから不安も募る。

第10章　高齢者を介護する家族への支援

表10-2　家族介護者が担う役割

直接的な介護	着替え，食事，移乗，排泄，洗顔，入浴，服薬管理，デイサービスに通うための毎日の支度など
家事的な手伝い	買い物，食事の準備，洗濯，掃除，財産管理，友人との連絡など
気持ちを支える	話し相手になったり，悩みを聞くなど
付添い	病院や散歩への付添いなど
調整	ケアマネジャーとの面談，サービス利用の調整，通院時の医師への対応，自治体等関係機関との交渉など

出所：東京都健康長寿医療センター（2020）「在宅で介護を担う家族を支えるために」6頁（https://www.tmghig.jp/research/topics/家族を支えるために.pdf　2024年9月30日閲覧）。

（3）認知症高齢者の介護における家族の負担

　これまで長く一緒に暮らしてきた家族に認知症の発症がみられるようになると，同居・別居を問わず家族は様々な戸惑いを経験する。高齢者からみて，介護者が娘・息子の場合には，かつて威厳があり厳しかった親の認知機能が低下し，それを受け止めるのに時間がかかるといわれている。そのため，なかには間違いを正したり，認知機能が低下しないように勉強させたり，「なんとかもの忘れを食い止めたい」「こんなはずじゃないと思いたい」と否定する時期がある（第1ステップ）。高齢者のもの忘れにどう対応してよいのかわからず，叱ったり，説明したりを繰り返すも，介護者自身が認知症のことをよく理解していないために混乱する。そして，被害者意識が強くなる（第2ステップ）。しかし，認知機能の低下は徐々に進み，介護者は「あきらめの境地」に達する。自分一人で介護することの困難を身をもって感じ，介護保険サービスを利用し，自分の生活を守りながら介護するようになる（第3ステップ）。認知症高齢者と向き合う時間が長くなると，認知症への理解も深まり，今そこにいる認知症の家族をありのまま受け入れられるようになる（第4ステップ）（表10-3）。

　一人で介護と向き合い続けるだけでは，第4ステップまで意識が変化することは難しい。そのため，同じような介護をしている人，自分がしていることの少し先にあるだろう介護生活を教えてくれる人，または専門職からの適切な助言によって可能になる。一人で抱え込まない，家族内でどうにかしようと思わ

表10-3　家族介護者のたどる心理的ステップ

第1ステップ	とまどい・否定	悩みを肉親にすら打ち明けられないで、一人で悩む時期
		・認知症の人の言動に戸惑い、否定しようとする
第2ステップ	混乱・怒り・拒絶・抑うつ	一番つらい時期
		・認知症の理解が不十分なため、どう対処してよいかわからず混乱し、些細なことで腹を立てたり、叱ったりして、振り回される家族介護者の被害者意識が強くなる
		・精神的、身体的に疲労困憊して、認知症の人を拒絶しようとする
第3ステップ	あきらめ・割り切り・適応	同じ認知症の症状でも問題化することが減る時期
		・家族介護者は、「あきらめの境地」に至る
		・何とか折り合いをつけ、自分のペースで介護できるようになる
		・介護サービスを利用して任せられるところは任せる
第4ステップ	理解・受容	あるがままの認知症の人を家族の一員として受け入れることができるようになる時期
		・認知症の理解が深まり、認知症の人の心理を自分に重ねることができるようになる
		・自己の介護経験を価値あるものとして感じられるようになる

出所：杉山孝博「介護者のたどる4つの心理的ステップ」（https://www.alzheimer.or.jp/?page_id=60080　2025年1月17日閲覧）をもとに筆者作成。

ないことが大切である。

（4）終末期における家族の不安

① どこで看取りをするか

かつて、どこで亡くなりたいのか、どのように看取られたいのかを高齢者自身にたずねることは何となく敬遠されていた。現在、高齢者の多くは、病院で最期を迎えている。その傾向は1975（昭和50）年頃から顕著となり、1978（昭和53）年には、病院死が在宅死を上回るようになった。高度成長期には、最新の医療を最後まで受けた末に亡くなることが一般的であったという。諸岡は、高齢者自身の「迷惑をかけたくない」という言葉に代表されるように、介護が家族から専門職が行うものと社会化していくなかで、人間が生きるために当然必要とされる介護関係が「負担」として受け取られ、その結果が「迷惑をかけ

たくない」という言葉で示されたのではないかと指摘している。

　今日では，高齢者が無理な延命をすることなく自然に亡くなることを高齢者自身も家族も望むようになってきている。その結果，2000（平成12）年以降には病院で亡くなる高齢者が減少した。それに代わり介護施設で亡くなる高齢者が増加している。現在，介護老人福祉施設の約60％で看取りを行っている[6]。

　岡山大学の研究によれば，2019（平成31・令和元）年以降，がん・老衰を主な死因とする高齢者のうち，病院で亡くなる人が減少し，在宅死が増加する傾向にあることが明らかになっている[7]。このことからも，どこで亡くなるのか，どのような最期を迎えたいかについてを高齢者本人と家族，そして専門職とで合意形成していくことが一層重要になる。

② アドバンス・ケア・プランニング（ACP）――人生会議

　高齢期に病気になった場合に，その程度によっては，自分の望みを人に伝えることが難しくなる場合がある。どのような医療や介護を受けたいのか，あるいは受けたくないのかを自分自身が考えたり，家族などと話し合うことが大切となる。このことをアドバンス・ケア・プランニング（Advance Care Planning）という。もし，高齢者自身が自分の意思を伝えることができない場合には家族などが代わって医療の選択をすることになる。そのためにも，家族と事前に話し合っておくことにより，たとえそのときが来ても家族が高齢者自身の意思を代わって伝えたことが「決めてしまった」という後ろめたい思いにならずに代弁者としての役割を全うしたことになる。

3　家族支援の方法

（1）介護する家族に必要な支援

① 介護者を地域生活者としてとらえる

　介護者は，生活者であり地域生活を営む者であるととらえる視点が大切である。そして介護の問題は，就労や経済状況，家族関係など広範囲に影響することがある。つまり，介護問題を俯瞰的に見ながら支援することがソーシャルワーカーには求められる。そこでは，介護者以外に同居する家族の健康やスト

表10-4 介護休業に関する制度

制　度	概　要
介護休業	要介護状態にある対象家族1人につき通算93日まで，3回を上限として分割して休業を取得することができる。 有期契約労働者も要件を満たせば取得できる。
介護休暇	通院の付き添い，介護サービスに必要な手続きなどを行うために，年5日（対象家族が2人以上の場合には年10日）まで，1日または時間単位で介護休暇を取得することができる。 所定外労働の制限介護が終了するまで，残業を免除することができる。
時間外労働の制限	介護が終了するまで，1か月24時間，1年150時間を超える時間外労働を制限することができる。
深夜業の制限	介護が終了するまで，午後10時から午前5時までの労働を制限することができる。
所定労働時間短縮等の措置	事業主は，利用開始日から3年以上の期間で，2回以上利用可能な次のいずれかの措置を講じなければならない。 ・短時間勤務制度　・フレックスタイム制度 ・時差出勤の制度　・介護費用の助成措置

出所：筆者作成。

レスという視点も当然含まれる。

②　利用可能な制度を正確に伝える

　仕事を辞めずに家族の介護を続けていくために，「育児休業，介護休業等育児又は家族介護を行う労働者の福祉に関する法律」（育児・介護休業法）に基づく制度の利用ができる。この制度における家族の範囲は，配偶者（事実婚を含む），父母，子，配偶者の父母，祖父母，兄弟姉妹および孫である。通院や介護サービスの手続きなどが必要な場合に，1日あるいは時間単位で介護休暇を取得できる。まとめて休みが必要な場合には，対象家族1人につき通算93日取得できる。

　また，介護休業給付金制度もある。これは，雇用保険の被保険者が，要介護状態にある家族を介護するために，2週間以上の介護休業を必要とする場合で職場に復帰することを前提として支給される。具体的には介護休業期間中に休業開始時賃金月額の67％が保障される。

（2）介護する家族のリフレッシュ

① 介護保険サービスを適切に利用する

　高齢者の要介護度が高くなると，それだけ在宅における介護時間が長くなる。主介護者が就業している場合や，老老介護の場合，あるいは要介護者に認知症の症状がみられる場合でも，すべての時間を介護に充てることはできない。だからこそ，介護保険サービスを適切に利用することによって，介護疲れなどを軽減することが必要である。また，ショートステイ（短期入所）サービスは，その利用理由を問わないのが特徴である。そのため，ショートステイを利用することによって数日から数週間，介護から離れてリフレッシュすることができる。

　介護は，いつまで続くのか先が見えない。高齢者介護の場合には，徐々に要介護者のADLが低下していくため，介護期間が長期になるほど多くの介護を必要とする。そのため，適度に介護から離れる時間も必要となる。ソーシャルワーカーは，介護者の状況にも目を向け介護からの休息を提案していくことも必要である。

② 家族会や当事者の会に参加する

　在宅で介護をしていると，生活のなかに占める介護時間の割合が多くなり，介護者の外出の機会も減少したり，趣味活動や友人との関係性も希薄になったりすることがある。一人で介護をしていると「私のしている介護はこれでいいのだろうか」「この先どうなるのだろうか」と不安になることもある。外出の機会が減少すれば，話すことも少なくなる。もちろん，介護サービスを受けていれば，多くの場合介護支援専門員（ケアマネジャー）に相談することになるだろう。

　認知症高齢者の家族介護者は，何度もBPSD（行動・心理症状）を目の当たりにすると，病気だとわかっていてもその心は少しずつ傷を負っていく。心の傷を日々繰り返し負っている家族にとって，「同じ立場に立つ者」として共感を得ることができて初めて，日々のつらい介護を分かち合うことができる。[8]

　同じ境遇にある人との情報交換ができたり，思いの共有ができ，介護者が「自分は一人ではない」と感じることは，その機会がなければ難しい。多くの

市町村では「介護者の会」や「介護者の集い」というような会が開催されている。一方で，そうした場を好まない人もいる。たとえば，同じ認知症の家族を介護しているとはいえ，症状も苦労していることも違う人の話を聞いても意味がないと思っている介護者もいるため，ソーシャルワーカーは，介護者をアセスメントする視点も欠かせない。

③　介護以外の時間を持つこと

介護者のなかには，介護サービスを利用している間に自分の時間を持つことに後ろめたい気持ちを持つ人もいる。「私だけが，楽しいことをしてよいのでしょうか」「趣味をする時間があるならば，介護サービスを使わず自分でしたほうがよいのではないでしょうか」と専門職が質問を受けることもある。自分の時間を持つことはむしろ介護者の健康を保つためにも大切であり，いつまで続くかわからない介護を在宅でしたい，あるいはその選択をせざるを得ない介護者にとってはむしろ積極的にとるべき時間である。

ソーシャルワーカーは，その大切さを介護者に伝えていくことを通して，介護者を一人の人として尊重している姿勢を貫く。介護者というのは，一つの役割に過ぎないことを意識し，介護以外のすべてを犠牲にすることがよいのではないということを伝えながら，介護負担を軽減すべく支援していくことが求められる。

注
(1)　鶴野隆浩（2006）『家族福祉原論』ふくろう書店，132頁。
(2)　伊藤美智予ほか（2023）「8050世帯の生活課題の構造化と支援策の検討——ケアマネジャーを対象としたアンケート調査から」（https://www.nrs.or.jp/wp/wp-content/uploads/2023/08/c7292e36364fb2a76f2a57db0c1e05ea.pdf　2024年10月3日閲覧）。
(3)　三菱UFJリサーチ＆コンサルティング「令和3年度仕事と介護の両立等に関する実態把握のための調査研究事業　労働者調査　結果の概要」（厚生労働省委託調査）（https://www.mhlw.go.jp/content/11900000/000988664.pdf　2024年9月24日閲覧）。
(4)　渡辺俊之編（2003）「介護家族という新しい家族」『現代のエスプリ』（437），

24～39頁。
(5)　諸岡了介（2019）「ケアと『迷惑』——なぜ今日の高齢者はこれほどに『迷惑』を口にするのか」本村昌史・加藤諭・近田真美子・日笠晴香・吉葉恭行編著『老い——人文学・ケアの現場・老年学』ポラーノ出版。
(6)　日本老年学会（2024）「高齢者および高齢社会に関する検討ワーキンググループ報告書2024」（https://www.jpn-geriat-soc.or.jp/info/important_info/pdf/20240614_01_01.pdf　2024年10月1日閲覧）。
(7)　岡山大学・飯塚病院（2024）「最期の時を過ごす場所を厚生労働省のデータから解析——コロナ禍で病院から在宅へ死亡場所がシフト」（https://www.okayama-u.ac.jp/up_load_files/press_r5/press20240318-1.pdf　2024年9月28日閲覧）。
(8)　松本一生（2003）「痴呆の介護家族」『現代のエスプリ』（437），53～62頁。

参考文献

諸岡了介（2019）「ケアと『迷惑』——なぜ今日の高齢者はこれほどに『迷惑』を口にするのか」本村昌史・加藤諭・近田真美子・日笠晴香・吉葉恭行編著『老い——人文学・ケアの現場・老年学』ポラーノ出版。
総務省（2023）「令和4年就業構造基本調査　結果の要約」（https://www.stat.go.jp/data/shugyou/2022/pdf/kall.pdf　2024年10月1日閲覧）。

学習課題

①　あなたの家族のだれか一人が介護を必要とする状況になったときに，あなたは家庭内でどのような役割を担うことになりますか。思いつくことをすべて書き出してみよう。
②　あなたの住む市町村で現在行われている「介護者支援」に関することについて書き出してみよう。その際，どこが主催なのか，誰を対象にしているのか，どのくらいの頻度で開催されているのか，目的は何か，どのような内容なのかを項目ごとにわかりやすく書いてみよう。

コラム　祖父の介護を通じて

　私が家族支援を意識したのは、祖父が認知症となり母が介護を担っていた頃です。当時、祖父の認知症は進行し、コミュニケーションが成り立たなくなり、真夏にジャンパーを着ることや箪笥に便が入っているなどの自宅内の出来事にとどまらず、鍵のかかった他人の自転車を持ってくることや山で育てられている果物を無断で食べてしまうなどの行為が増え、その度に母は自転車の持ち主や生産者、警察の方々への謝罪に奔走し、24時間祖父から目を離せないようになっていました。その頃から頻繁に母から私に電話が入るようになり、祖父の医療・介護拒否の対応、近隣・地域とのトラブル、家族関係などの話を延々と聞かされました。私は大学で社会福祉を学んでいたこともあり、何か母に助言ができればと考えてはいましたが、全く役に立たず無力さを感じることしかできませんでした。

　あれから十数年が経ち、介護保険にかかわる相談員として勤めるなかで、数多くの認知症介護を担う家族からの相談を伺ってきました。家族からは、「病院に連れて行こうにも拒否される」「夜中も出て行こうとするから目を離せない」「デイサービス（ショートステイ）に送り出すときが一番しんどい。これなら行かさない方が良い」「デイサービス（ショートステイ）から帰ってくると思うと気持ちがしんどくなる」等の心身の介護負担についての相談を多くいただきます。相談員として対応するなかで改めて気づかされたのは、当たり前ではありますが「介護保険などのサービスを調整する」だけで解決することは難しいという現実です。日々考えることは、家族はどういった状況、関係性のなかで、不安や悩み、困り事をどのようにとらえ、認識し、抱えているのだろうかということです。これらを家族と相談員が共有することが支援のはじまりであり、そのなかで家族の不安や悩み、困り事に対し、イメージを持って共感することができるのではないかと思います。

　今でも祖父の介護を思い出し、「あの時どうしたら母を支えられたのか」を考えることがあります。結局のところ「どうしたら」の解決方法や答えを見出せないまま今日に至っていますが、母は「ヘルパーさんが入っている時は一人じゃないから安心した」「ケアマネさんに話を聞いてもらうと安心した」と当時を振り返っており、その言葉がすべてなのかなと感じています。相談員として何か答えを出すのではなく、家族の話を傾聴し、家族を一人にせず、共感のなかでともに考えることができる存在が、家族への支援につながっていくのだと感じました。　　　　（キリスト教ミード社会館　杉谷宗武）

第11章

障害者を支える家族への支援

　障害者の家族は介護を担っている場合が多く，そのため周囲の人からは介護者としてとらえられて支援の対象とは考えられないことがある。しかし，障害者とその家族は結びつきが強く，課題を共有していたり，家族の個人が複合的な問題を抱えていることがある。本章では，そのことを理解するために，障害者と家族の状況を概観し，事例をもとに家族への支援について検討する。

1　障害者と家族の状況

（1）障害者の状況

　図11-1①に示したとおり，『令和6年版　障害者白書』によると身体障害児者は436万人，知的障害児者は109.4万人，精神障害児者は614.8万人であった。そのうち在宅者（精神障害者は外来患者）は，身体障害児者は428.7万人（98％），知的障害児者は96.2万人（88％），精神障害児者は586.1万人（95％）だった。ほとんどが地域で生活を送る在宅者であるが，知的障害児者は12％が入所者であり入所者の割合としては最も高かった。

　図11-1②〜④に示したとおり，在宅の65歳以上の数を見ると身体障害者は311.2万人（73％），知的障害者は14.9万人（16％），精神障害者は205.6万人（35％）であった。身体障害者は73％が高齢者と最も高く，反対に知的障害者は16％と最も低かった。身体障害者の1970（昭和45）年の高齢者割合は31％であったため，50年ほどで急激に高齢化が進んだといえる。それは，当然ながら，高齢になると多くの人が病気などにより身体に障害をもつためであり，今後も

第Ⅲ部　ファミリーソーシャルワークの実際

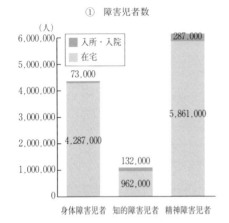
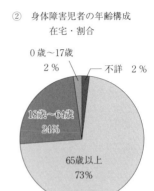
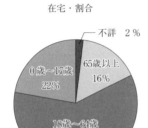

図11-1　障害児者数と高齢者割合
出所：内閣府（2024）『令和6年版　障害者白書』より筆者作成。

日本の高齢化が進むほど，身体障害者における高齢者の割合は増えると考えられる。

（2）家族の状況

「令和5年度東京都福祉保健基礎調査『障害者の生活実態』」によると，図11-2に示すように，身体障害者の同居家族は配偶者が最も多く48.5％，次に子どもが25.7％であった。知的障害者の同居家族は親が75.2％，兄弟姉妹が

第 11 章　障害者を支える家族への支援

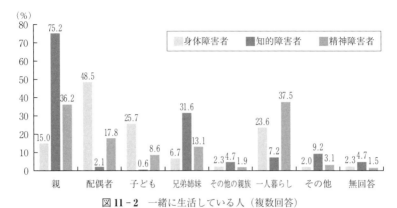

図 11-2　一緒に生活している人（複数回答）
出所：「令和5年度東京都福祉保健基礎調査『障害者の生活実態』」より筆者作成。

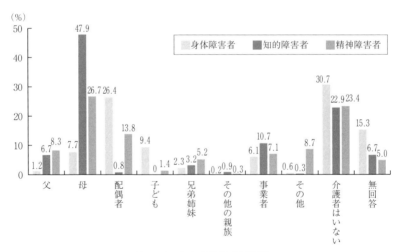

図 11-3　主な介護者（支援者）
注：精神障害者はその他に主治医を含む。
　　身体・知的は介護者，精神は支援者。
出所：「令和5年度東京都福祉保健基礎調査『障害者の生活実態』」より筆者作成。

31.6％であった。精神障害者は親が36.2％，配偶者が17.8％であった。よって，身体障害者は結婚しており配偶者および子どもと同居しているケースが多いといえる。知的障害者は未婚が多く親と同居している割合が他障害者に比べると突出して高い。精神障害者は親と同居または一人暮らし（37.5％）が同程度で

あり，一人暮らしの割合は他障害者と比較すると最も高かった。

図11-3が示すように，主な介護者（精神は支援者）の状況については，身体障害者は「介護者はいない」が最も高く30.7％，次に「配偶者」が26.4％であった。知的障害者は，「母」が最も高く47.9％，次は「介護者がいない」が22.9％であった。精神障害者は知的障害者と同じく，「母」が最も高く26.7％，次は「介護者はいない」が23.4％であった。

以上のことから，身体障害者は結婚しており配偶者・子どもと同居をしているが，自身である程度は身体を動かすことができており主な介護者はいない人が多いといえる。知的障害者は未婚が多く実家に住んでおり，主に母親から介護を受けている人が多いといえる。精神障害者は，実家に住む人と一人暮らしを送っている人が同程度存在しており，実家暮らしの場合は主な支援者は母親，一人暮らしの場合は主な支援者がいない人が多いと考えられる。

2 家族が抱える問題

（1）家族の高齢化

日本の高齢化が進んでいることは周知のとおりであり，日本の障害者も高齢化している。厚生労働省によると，身体障害児者のうち2008（平成20）年から2018（平成30）年の間の10年間で65歳以上の割合は62％から74％へ上昇した（図11-4①）。知的障害児者は4％から16％へ（図11-4②），精神障害者は34％から39％へ（図11-4③）とともに上昇している。このように障害者が高齢化しているということは，家族も同様に高齢化していると考えられる。

図11-5は，障害者の主な介護者（精神は支援者）の年齢を示したものである。主な介護者が60歳以上の割合は，身体障害者は65.6％，知的障害者は60.6％，精神障害者は53.5％であった。図11-1②で示したように，身体障害児者（在宅）の場合，73％もの人が65歳以上であり，主な介護者は配偶者であった。この点から，高齢の身体障害者を高齢の配偶者が介護していると考えられる。知的障害者（在宅）の場合には65歳以上の人は16％と低く，18歳〜64歳が60％と最も多かった。主な介護者は母であったことから，青年・中年の知

第11章　障害者を支える家族への支援

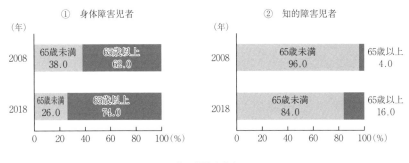

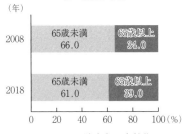

図11-4　障害者の高齢化

出所：厚生労働省（2021）「高齢の障害者に対する支援等について」より筆者作成。

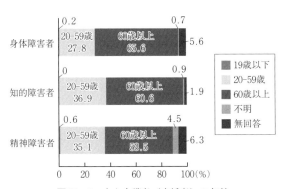

図11-5　主な介護者（支援者）の年齢

注：身体・知的は介護者，精神は支援者。
出所：「令和5年度東京都福祉保健基礎調査『障害者の生活実態』」より筆者作成。

的障害者を高齢の母が介護しているケースが多いと考えられる。精神障害者（在宅）の場合は65歳以上の人は35％，25～64歳の人が51％であった（図11-1④）。支援者については，支援者はいないと回答した者が23.4％を占めており，一人暮らしをしている者が37.5％であったことから，他障害者と比べると介護（支援）を受けずに一人で生活している者が多いと考えられる。支援を受けている者については，主な支援者として母・配偶者が挙げられていたこと，および主な支援者の53.5％が60歳以上（図11-5）であったことから，中年・高年齢の精神障害者の支援を高齢の母・配偶者が行っていると考えられる。以上から，身体・知的・精神障害者の介護（支援）には，高齢の家族が関わっているケースが多いと想定される。

　このように障害者も家族もともに高齢者の世帯がすでに一定数，存在しており，今後ますます増加が予測される。障害者が高齢化することで介護が必要になる時間は増え，一方で，家族も高齢化が進み肉体的・精神的に衰えることで，障害者の介護が担えなくなる。また，それとは反対に青年・中年の障害者が高齢の家族の介護を担う場合もあるだろう。障害者・家族ともに介護が必要になる，障害者の介護を高齢の家族が担う，障害者が高齢の家族の介護を担うなど，長寿化する日本には様々なケースが見られるようになった。それに伴い，障害者と高齢の家族を取り巻く課題も多様化している。高齢により，介護を担っていた家族が急に倒れてしまったり，その反対であったり，時には共に倒れてしまうこともあるだろう。その場合，緊急的な支援が必要となる。多様なケースに対応するための，様々な支援が必要となっているのである。

（2）家族介護者の状況と負担感

　前項で障害者と介護者の高齢化が進んでいることを確認したが，高齢化が進むならば，当然ながら障害者と介護者以外の家族も高齢化する。図11-2に示されたように，在宅障害者は親・配偶者・兄弟姉妹などと一緒に生活を送っている人が多い。障害者が中年や高齢の場合，これらの家族も高齢となる可能性が高い。そして，高齢になるほど，介護が必要となる機会も増える。

　「障害者の介護者の健康に関する実態調査報告書2015」[1]によると，家族に複

第11章　障害者を支える家族への支援

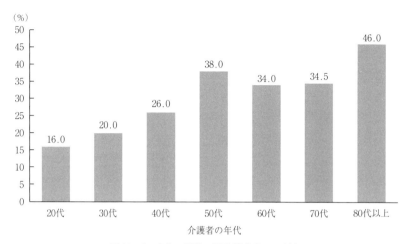

図11-6　家族に複数の要介護者がいる割合
出所：障害者の生活と権利を守る全国連絡協議会（2015）「障害者の介護者の健康に関する実態調査報告書」より筆者作成。

数の要介護者がいると回答した障害者家族の割合は，介護者が50代の場合は38％，60代・70代はともに約34％，80代以上は46％であった。よって，障害者の高齢化に伴い発生する課題として，家族も高齢化し介護が必要となることが挙げられるが，そこでは，1人ではなく複数の家族に介護が必要となる場合がある。長寿化が進む日本では，この傾向はますます強まる可能性がある。その場合，介護者の負担も非常に大きくなるだろう。

「家族の介護状況と負担についての緊急調査の結果」(2)によると，障害者家族の主な介護者のうち84.5％の人が負担感があると回答している。負担感の内容としては精神的負担が68.7％，身体的負担が52.0％，経済的負担が40.8％であった。精神的負担には，介護の長時間化や自分の自由な時間がもてないことに対するストレス，親亡き後の障害者に対する生活の不安などがあるだろう。身体的負担としては，障害者が高齢化することで障害も重度化し，身体的介護の割合や程度が増えること，介護者自身も高齢化することで疲れやすく，自身の身体も痛めやすいことがあるだろう。経済的負担としては，介護のためフルタイム勤務が困難となり低収入となりやすいこと，年金収入が少ないことや，高齢化で働くこと自体ができなくなり収入が減ることなどがある。障害者と家

第Ⅲ部　ファミリーソーシャルワークの実際

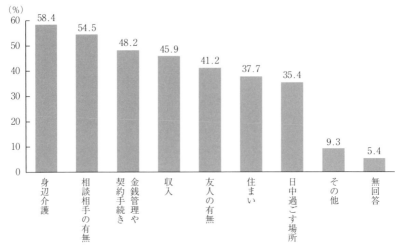

図11-7　保護者の「親なき後」の不安材料（複数回答）
出所：荒川区自治総合研究所（2014）「親なき後の支援に関する研究プロジェクト報告書」より筆者作成。

族の高齢化が進むことで，家族のなかの要介護者数が増え，これらの負担感はますます増えると考えられる。

（3）親なき後

　ここまで見てきたように，障害者の介護は主に家族（特に母親）が担っているが，障害者および家族がともに高齢化することで，それも困難となる場合がある。家族は高齢化によって引き起こされる様々な課題に対応せざるを得ないが，そのなかで最も大きな課題は親なき後の不安であろう。在宅生活の場合は，家族の介護者は食事・排泄・着替え・入浴などの身体介護だけでなく，買い物・散歩・移動補助など日常生活全般の援助を行っているが，介護者が亡くなったとき，これらの介護などは誰が担うことができるだろうか。施設入所の場合であっても，親は必要となる身の回りの物を施設へ定期的に届けたり，施設職員には依頼が難しい金銭管理の実施，各種の障害者サービスの契約手続きなどを行っている。親が亡くなった後，この役割を誰が担うのか，信頼できる誰に託すことができるのか，障害のある子どもが亡くなるまで継続的に過不足

第11章　障害者を支える家族への支援

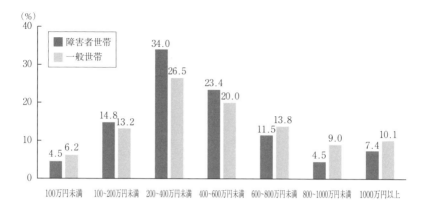

図11-8　障害者家族の世帯と一般世帯の年収
出所：障害者家族世帯：荒川区自治総合研究所（2014）「親なき後の支援に関する研究プロジェクト報告書」，一般世帯：厚生労働省（2014）「平成25年国民生活基礎調査の概況」より筆者作成。

なく支援してもらえるだろうかという，大きな不安がある。

　荒川区自治総合研究所が障害者の保護者（障害者の母・父・祖母）に行った調査によると，図11-7が示すように，過半数の保護者が親なき後の不安材料として身辺介護と相談相手の有無を挙げている。これらは，おそらく親が現在その役割を最も大きく担っており，それゆえ親なき後の不安が大きくなってしまうのであろう。また，これらはともに障害のあるわが子に直接関わるものであるため，親なき後は信頼できる人に委ねたいと考えるためでもあろう。しかし，それが現状では困難だと感じているからこそ，不安が大きいものとなる。これらの不安を解消するための方法としては，障害者サービスの利用も考えられるが，親なき後はその利用が適切および十分に利用できているか親自身が確認する方法はない。よって，不安を軽減するためには，親が生存しているときから取り組む必要があると考えられる。

（4）障害者世帯の貧困

　図11-8は障害者家族の世帯と一般世帯の年収の割合を示したものである。調査が行われた2013（平成25）年の一般世帯の平均年収は537万円，中央値は432万円であった。それよりも低所得となる400万円未満の割合をみると，障害

者家族の場合には53％と過半数を占めた。一方，一般世帯の場合は46％であり，障害者家族の世帯より低所得者の割合は低かった。よって，障害者家族の世帯は，一般世帯より低所得になりやすいと考えられる。

障害者家族の世帯が貧困になりやすい理由として，障害者の介護のためにフルタイムである正規雇用は難しく，低所得になりやすいことが挙げられるだろう。障害者の主な介護者は母親になりがちであるが，障害者の生活と権利を守る全国連絡協議会の調査によると，主たる介護者である母親の66％は働いていなかった。34％は働いていたが，これは非正規雇用も含んでおり，このうち正規雇用者は23％であった。よって，介護者である母親のうち正規雇用者は全体の7％にしか過ぎなかった。同年の「国民生活基礎調査」では，一般世帯の女性の正規雇用割合は16.3％であったことから，障害者の家族（特に母親）は介護を担うことが多いため，就労が困難であることがわかる。

世帯年収で考えたとき親だけでなく，障害者本人の収入も障害年金だけになり，低所得になりやすい。「令和5年度東京都福祉保健基礎調査『障害者の生活実態』」によると，最も割合が多い年間収入額は，身体障害者と精神障害者は50～100万円未満（17.8％，22.8％），知的障害者は100～150万円（22.7％）であった。また，収入がない者も一定数存在し，身体障害者は5.8％，知的障害者は6.7％，精神障害者は16.0％であった。よって，障害者家族の世帯は家族と本人ともに低所得の傾向にあり，貧困に陥りやすいといえるだろう。

3　支援の考え方

本節では，在宅の知的障害者とその家族の支援について，事例をもとに示す。

事例　在宅の知的障害者とその家族の支援

　Aさん（障害のある本人）：女性，50代，中等度の知的障害者，70代の父母と同居。
　ある日，Aさんの父から障害者相談支援センターに電話が入った。Aさんの母が転倒による骨折で入院してしまい，父とAさんのみの生活になったという。Aさんは，ある程度，日常生活動作は自立しており，声かけや簡単な介助で食事や着替え，排泄などを行うことができる。しかし，今まで家事やAさんの介護を担っていた母

が入院してしまったため，父とAさん2人きりの生活に支障が出ているという。また，父は持病のリウマチにより介護が難しいだけでなく，スーパーマーケットに買い物に行ったり，掃除・洗濯などができず，困っているということであった。障害者相談支援センターの相談員は，すぐにAさん宅を訪問し，Aさんと父から話を聞き，状況を確認した。相談の結果，以前にも利用したことがあるショートステイをAさんはしばらく利用することとなった。また，それだけでなく，父母ともに介護保険制度は利用していなかったことから，介護保険制度について説明を行い，利用をすすめた。父は利用を希望したことから，相談員は近隣の地域包括支援センターを紹介するだけでなく，地域包括支援センターに連絡を入れ，状況を説明し，支援依頼を行った。

以下に，支援の考え方・方法・留意点について説明する。

相談員はAさんの父からの電話を受けて，その内容から障害のあるAさんだけでなく，高齢の父母にも支援が必要となる可能性に気づいた。障害者相談支援センターは障害者やその家族の相談を受ける総合窓口であるが，わかりやすい障害にばかり目を向けやすく，障害者本人だけの支援に偏りがちである。特に障害者の親は介護を担っていることが多いため，親＝介護者という先入観により，家族を障害者の社会資源としてだけ位置づけてしまうことがある。しかしそれでは，家族全体を適切にアセスメントすることができず，不十分な支援となってしまう。本事例の場合，その後，Aさんがショートステイ利用をするだけであれば，しばらくした後，リウマチのため買い物や掃除などの家事ができない父は自宅での生活が困難になり，倒れてしまうかもしれない。また，母が退院して自宅に戻ってきたとしても，入院前のようにAさんの介護や家事を行うことが難しくなっている場合も考えられる。よって，本事例は障害者のAさんだけでなく，父母ともに危機的状況であると認識し，家族全体の支援を検討することが望ましい。そのために必要となる考え方が，個人だけでなく家族全体をアセスメントし，支援を行うファミリーソーシャルワークである。ファミリーソーシャルワークでは，家族の各個人のウェルビーイングの達成を通して，家族全体のウェルビーイングを目指す。家族の誰かが犠牲になるのではなく，それぞれの幸せを考えたうえで，家族全体が幸せになる方向を目指すのである。

第Ⅲ部　ファミリーソーシャルワークの実際

注
(1) 障害者の生活と権利を守る全国連絡協議会（2015）「障害者の介護者の健康に関する実態調査報告書」。
(2) きょうされん（2010）「家族の介護状況と負担についての緊急調査の結果」。
(3) 荒川区自治総合研究所（2014）「親なき後の支援に関する研究プロジェクト報告書」。
(4) (1)と同じ。

学習課題
① 障害者家族の支援をするために，障害者だけでなく，家族全体を視野に入れて支援を検討するためには，どうしたらよいだろうか。考えてみよう。
② 障害者本人だけでなく，なぜ家族にも支援が必要となる場合があるのだろうか。考えてみよう。

第 11 章　障害者を支える家族への支援

コラム　"ミッション"こそが働く意味

「誰からも愛され親しまれる施設づくり」が救護施設と障害者支援施設を運営する青垣園の理念です。そして、「青垣園には、利用者を感動させる何かがある！」、その何かを生み出すのが私たち職員に課せられたミッションです。様々な生きづらさや生活課題を抱えた障害者が、青垣園での生活を通じて、より豊かな人生を送ること……。それは利用者一人ひとりの思いや希望を実現することであり、障害者にとっての「自己実現」と「最善の利益」を叶えることです。

私が、そんな思いを具現化するために手がけたのは、新たな施設の建設でした。2024年7月に開設した「福祉コミュニティあおがき」は、これまでにない福祉サービスを創造し、地域共生社会の実現に向けて先駆的な役割を果たすことを目的としています。

以下は、そんな施設がオープンして間もない頃、障害者の就労の場（就労継続B型）でもある"Cafeあおりん"での出来事です。接客サービスを担当する通所の男性利用者は、普段から無口で物静か。これまで下請け作業に従事していました。彼と来店者である母親（父親も一緒に来ていました）との間のやりとりです。男性利用者が照れながら何も言わず、水とおしぼりを出すと、母親は「あんた、こんなんできるんやね……」。男性利用者は言葉は発しませんが、ニコッと微笑んで、うつむきます。食事を終わったレジで、職員に向かって母親は「今日は　ここに来て良かったわ……」と話しました。

この日以降、両親は毎週一度カフェを利用しています。普段の家庭では見えない息子の一面を見たことにより、これまでと違った親子関係が生まれ、同時に将来に向けた不安が消えたような安堵感が漂っていました。"人"と関わる仕事を通して、"人"とはどのような存在であり、"人"として最も大切なものは何か……？　障害者と向き合う私たちに常に問いかけられています。そして、その答えを出すのは、紛れもなく私たち職員一人ひとりです。利用者一人ひとりのかけがえのない"人生の道標"となり、最高の喜びと感動を共有すること。それが私たち職員のミッション（使命）であり、人と関わる仕事の最大の魅力であると思います。

（青垣園理事長　松岡文男）

第12章

若者（ヤングケアラー）への支援

　本章では，近年になって表面化してきたヤングケアラーの支援について取り上げる。まずヤングケアラーの定義や実態などのわが国の現状について確認したうえで，実際にどのような困難を抱えているのかを学ぶ。

　ファミリーソーシャルワークにおいては，ケアをする人（ケアラー）とケアを受ける人（家族）の支援をいかに展開するのかが課題になる。支援において，どのような関わりが適切なのか，またどう支援したらよいのか考えてほしい。

1　若者が抱える困難

　若者が抱える問題や困難として，不登校，いじめ，発達障害，ゲーム依存，ひきこもり，ニート，貧困，ヤングケアラー等が挙げられる。

　たとえば，2022（令和4）年度の文部科学省による「児童生徒の問題行動・不登校等生徒指導上の諸課題による調査」において，小・中学校の不登校児童生徒数が約29万9000件，そのうち学校内外で相談を受けていない児童生徒数が約11万4000人と過去最多である。約4分の1の不登校児童生徒が悩みの声を発することができていない現状がある。また，同調査では小・中・高・特別支援学校においていじめ認知件数が約68万2000件，小・中・高等学校における暴力行為の発生件数が約9万5000件と過去最多である。

　学校現場の調査統計をはじめとして，子どもは多くの不安や問題を抱えている現状があるが，他方で「親に心配をかけたくない。先生の評価を下げたくないなど，大人の反応を気にして弱音を吐けない子どもが多い」ことが指摘され

ている。
　このように子どもを含む若者が抱える困難は表出してきているが，SOSを出せない子どもや若者のつらさや生きづらさについて家庭や学校，地域社会はどの程度キャッチすることができているだろうか。また，ソーシャルワーカーをはじめとする専門職は，いかに支援できるだろうか。
　本章では，近年になって若者の課題になっているヤングケアラーに着目して，ファミリーソーシャルワークの視点から述べる。

2　ヤングケアラーの現状

（1）ヤングケアラーとは
　ヤングケアラーとは，2024（令和6）年6月12日に公布された改正子ども・若者育成支援推進法第2条第7項において，「家族の介護その他の日常生活上の世話を過度に行っていると認められる子ども・若者」[3]と定義され，国・地方公共団体等が支援に努めるべき対象として明記された。
　ヤングケアラーという言葉は，1990年代前半のイギリスにおいて使用されるようになったといわれる。世界的にはじめて精神疾患やアルコール依存に罹患した親の世話をする子どもたちの存在が調査され，社会的に関心が集まるようになった[4]。
　ヤングケアラーが抱える問題として，図12-1で示されるように，「障害や病気のある家族に代わり，買い物・料理・掃除・洗濯などの家事をしている」「家族に代わり，幼いきょうだいの世話をしている」「障害や病気のあるきょうだいの世話や見守りをしている」「目を離せない家族の見守りや声かけなどの気づかいをしている」「日本語が第一言語でない家族や障害のある家族のために通訳をしている」「家計を支えるために労働をして，障害や病気のある家族を助けている」「アルコール・薬物・ギャンブル問題を抱える家族に対応している」「がん・難病・精神疾患など慢性的な病気の家族の看病をしている」「障害や病気のある家族の身の回りの世話をしている」「障害や病気のある家族の入浴やトイレの介助をしている」が挙げられている。

第Ⅲ部　ファミリーソーシャルワークの実際

障害や病気のある家族に代わり、買い物・料理・掃除・洗濯などの家事をしている。

家族に代わり、幼いきょうだいの世話をしている。

障害や病気のあるきょうだいの世話や見守りをしている。

目を離せない家族の見守りや声かけなどの気づかいをしている。

日本語が第一言語でない家族や障害のある家族のために通訳をしている。

家計を支えるために労働をして、障害や病気のある家族を助けている。

アルコール・薬物・ギャンブル問題を抱える家族に対応している。

がん・難病・精神疾患など慢性的な病気の家族の看病をしている。

障害や病気のある家族の身の回りの世話をしている。

障害や病気のある家族の入浴やトイレの介助をしている。

図12−1　ヤングケアラーについて

出所：こども家庭庁「ヤングケアラーについて」(https://www.cfa.go.jp/policies/young-carer　2024年5月18日閲覧)。

(2) ヤングケアラーの推計と認知

　昨今になって，わが国においてもヤングケアラーの実態調査が行われるようになってきている。

　2020（令和2）年度に全国の中学2年生と高校2年生の約1割に行われた調査において「世話をしている家族がいる」と回答した中学2年生が5.7％，全日制高校2年生が4.1％であった。さらに，ケアをしている対象（家族）は，「きょうだい」が最も多く，中学2年生が61.8％，全日制高校2年生が44.3％であった。次いで，ケアをしている対象（家族）は「父母」であり，中学2年生が23.5％，全日制高校2年生が29.6％であった。続いて，ケアをしている対象（家族）は「祖父母」であり，中学2年生が14.7％，全日制高校2年生が22.5％であった（表12−1）。

　ケアをしている対象（家族）は複数回答であるため，実際には「きょうだい」「父母」「祖父母」を重複してケアしていることが考えられる。

　また，2021（令和3）年度の全国調査においては，「世話をしている家族がいる」と回答した小学6年生が6.5％であった。このように，ヤングケアラーは決してめずらしい存在でなく，一定の割合の子どもが抱えている問題であることが示されている。

第12章　若者（ヤングケアラー）への支援

表12-1　ヤングケアラーの推計割合とケアの対象

区　分	「世話をしている家族がいる」回答割合	ケアをしているのが「きょうだい」回答割合	ケアをしているのが「父母」回答割合	ケアをしているのが「祖父母」回答割合
中学2年生	5.7%（5,558人の回答数）	61.8%（319人の回答数）	23.5%（319人の回答数）	14.7%（319人の回答数）
全日制高校2年生	4.1%（7,407人の回答数）	44.3%（307人の回答数）	29.6%（307人の回答数）	22.5%（307人の回答数）

注：ケアの対象は，複数回答。
出所：三菱UFJリサーチ＆コンサルティング（2021）「令和2年度　子ども・子育て支援推進調査研究事業　ヤングケアラーの実態に関する調査研究報告書」27〜144頁より筆者作成。

　さらに，大阪府立高校と埼玉県立高校の生徒に実施された調査においては，大阪府では5.2%，埼玉県では5.2%がヤングケアラーであったと報告され，ヤングケアラーの家族形態としてひとり親世帯のみではなく，祖父母との同居も留意する必要があることが指摘されている[7]。このように，様々な実態調査をとおしてヤングケアラーは約5％前後で推計されており，1クラスを30人と仮定すると，1.5名は問題を抱えていると考えられる。

　決してめずらしい存在ではないにもかかわらず，ヤングケアラーの一般的な認知度は高くないのが現状の課題である。一般国民への認知度調査では，ヤングケアラーを「聞いたことはあるが，よく知らない」という人が22.3%，「聞いたことがない」という人が48.9%であり，一般的には約7割の人がヤングケアラーについて認知していない結果となっている[8]。

3　ヤングケアラーとその家族が抱える問題

（1）ヤングケアラーが抱える問題

　先の2020（令和2）年度に全国の中学2年生と高校2年生の約1割に行われた調査においては[9]，ヤングケアラーがケアをする頻度として，「ほぼ毎日」と回答した中学生が45.1%，全日制高校2年生47.6%であった。また，「週3〜5日」と回答した中学生が17.9%，全日制高校2年生16.9%であった。「ほぼ毎日」と「週3〜5日」を合わせると，中学2年生においては63%，全日制高校2年生は64.5%となっており，6割強のヤングケアラーは週3日以上のケアを担っていることになる。

第Ⅲ部　ファミリーソーシャルワークの実際

表12-2　ヤングケアラーのケア頻度とケアのきつさ

区　分	ケアをする頻度「ほぼ毎日」回答割合	ケアをする頻度「週3～5日」回答割合	1日当たりのケアに従事する時間（平日）「3時間以上」回答割合
中学2年生	45.1%（319人の回答数）	17.9%（319人の回答数）	33.5%（319人の回答数）
全日制高校2年生	47.6%（319人の回答数）	16.9%（319人の回答数）	60.2%（319人の回答数）
区　分	「自分の時間が取れない」回答割合	「宿題をする時間や勉強をする時間が取れない」回答割合	「特にきつさは感じていない」回答割合
中学2年生	20.1%（319人の回答数）	16.0%（319人の回答数）	60.5%（319人の回答数）
全日制高校2年生	16.6%（319人の回答数）	13.0%（319人の回答数）	52.1%（319人の回答数）

注：ケアの対象は，複数回答。
出所：三菱UFJリサーチ＆コンサルティング（2021）「令和2年度　子ども・子育て支援推進調査研究事業　ヤングケアラーの実態に関する調査研究報告書」27～144頁より筆者作成。

　さらに，同調査においての「1日当たりのケアに従事する時間（平日）」は，「3時間以上」と回答した中学生が33.5%，全日制高校2年生60.2%であった。全日制高校生では6割を超えるヤングケアラーが3時間以上のケアを担っている（表12-2）。

　また，同調査による日常生活への影響では，「自分の時間がとれない」と回答した中学生が20.1%，全日制高校2年生16.6%であった。さらに「宿題をする時間や勉強をする時間が取れない」と回答した中学生が16.0%，全日制高校2年生13.0%であった。そして，「特にきつさは感じていない」と回答した中学生が60.5%，全日制高校2年生52.1%となっている（表12-2）。

　これらの結果からは，ヤングケアラーとして日常的にケアを担っている反面，自分の時間がない，ケアをすることがきついといった意識はあまりもっていないことが考えられる。

（2）ヤングケアラーのケアの対象

　支援者に向けた調査結果からは，ヤングケアラーがケアをする人として，多い順番に，ケアラーより「幼い」人，続いて「精神疾患（疑い含む）」「知的障がい」「高齢（65歳以上）」「身体障がい」「要介護（介護が必要な場外）」「その他」「依存症（疑い含む）」「精神疾患，依存症以外の病気」等が挙げられている[10]。「その他」の家庭状況としては，「外国籍で日本語が不自由」「きょうだいが多

い」「養育能力が低い（発達障がい，知的障がい含む）」「ネグレクト」「多忙」「病気の後遺症」「経済困窮」が述べられている。

さらに，ケア内容としては，多い順番に「きょうだいへのケア」「食事の世話」「食事以外の家の中の家事」「見守り」「感情面のケア」「家族の身体介護」「通院の付き添い」「家族の身体介護のうち，トイレや入浴の介助」「通訳」「金銭管理」「その他」等が挙げられている。「その他」としては，「学校や保育所等への送迎」「甥，姪等のケア」「医療ケア」「事故の予防」「家計支援」「手続き関係」が述べられている。

他に，高校生へのヤングケアラー調査からは，母親や祖母がケアを必要とする状態の場合は，子どもがケアを担いやすいことが指摘されている。

以上のように，同居している家族の生活上の困難について，本来は大人が担うべきケアをヤングケアラーが代わりに担っていることがわかる。それは，ヤングケアラー自身が背負わされている問題ではあるが，そのことを意識することが難しい，もしくはそのような家庭状況にあることが日常化され声を発することができないことが懸念される。

4　ヤングケアラーへの支援

（1）支援の考え方

ヤングケアラーの支援は，同じ家庭において，ケアラーである子ども・若者，そしてケアが必要なその家族という2つの支援ターゲットがあるために，支援の考え方が複雑になることが特徴だといえる。

図12-2は，埼玉県によるヤングケアラー支援の考え方を示したものである。家族のケアと子ども自身の生活とのバランス度合に応じて，支援の関わりを①相談・見守り，②身体的，精神的負担軽減のための支援，③早期介入（虐待の可能性など緊急性が高い）に分けている。

同ガイドラインでは次のように述べられている。家族をケアすることが問題なのではなく，子ども自身の生活に影響を与えるほどの負担を背負わせることに問題がある。しかしながら，ケアの内容がその子の能力や置かれている家庭

第Ⅲ部　ファミリーソーシャルワークの実際

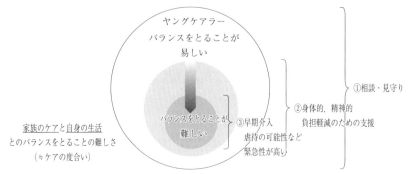

図12-2　ヤングケアラー支援の考え方

出所：埼玉県（2023）「埼玉県におけるヤングケアラー支援スタートブック——ヤングケアラーの未来を，地域で支えるために私たちができること，すべきことの実践に向けて」6頁。

環境によって様々であるため，一律に線引きはできない。そのため，ヤングケアラー＝支援が必要な子どもと捉えるのではなく，家族のケアで悩みを抱えている子ども＝支援が必要な子どもと捉える必要がある。ただし，日常生活や将来に影響を与えるほどの重いケアを担っているにもかかわらず，子ども自身が悩みを表出しないこともあるため，状況によっては介入が必要な場合もある。

したがって，ヤングケアラー本人への支援の考え方で重要なことは，第一に，ケアラー本人の声（ニーズ）をキャッチする（関係づくりも含む）ことである。そうでないと，図12-2で示している家族のケアと自身の生活とのバランスを把握することができない。第二に，家族のケアとケアラーの生活とのバランスを見極める必要がある。個々のケアラー自身によって，ケアすることのバランスや意味，重さは異なる。

このように，支援実践においては，ケアを受けている家族の状況を見ながら，ケアラーへの支援として，①相談・見守り，②身体的・精神的負担軽減のための支援，③早期介入のいずれが適切なのかという判断（アセスメント）が欠かせない。

（2）支援の方法と留意点

こども家庭庁[14]において，ヤングケアラーへの支援展開としては，①18歳未満

第12章　若者（ヤングケアラー）への支援

表12-3　ヤングケアラーへの支援展開

18歳未満の ヤングケアラー	要支援児童の場合は，市区町村のこども家庭支援センター等においてサポートセンターを作成し，包括的かつ計画的支援を実施する。また，要支援児童に該当しなくても，一人一人の児童の置かれた状況や本人の受け止めに応じ具体的な支援等を検討する。
18歳以上の ヤングケアラー	子ども・若者総合支援センター等を主体とし，ヤングケアラー・コーディネーターの配置や民間支援団体等の活躍が期待される。

出所：こども家庭庁支援局長（2024）「『子ども・子育て支援法等の一部を改正する法律』の一部施行について（ヤングケアラー関係）」(https://www.cfa.go.jp/assets/contents/node/basic_page/field_ref_resources/e0eb9d18-d7da-43cc-a4e3-51d34ec335c1/3ba2cef0/20240612_policies_young-carer_13.pdf　2024年7月31日閲覧）より筆者作成。

のヤングケアラー，②18歳以上のヤングケアラーの2つに区分され，支援の展開として次のように想定されている（表12-3）。

　若者の年齢によって支援展開は異なるが，ヤングケアラーへの具体的支援は，介護保険サービスや障害福祉サービス，子育て世帯訪問支援事業等を活用し，ヤングケアラー本人が担っているケアを外部サービスで代替していくことが考えられている。それだけに，支援においてはヤングケアラーの負担軽減につながる多様な社会資源について学んでおく必要がある。

　しかしながら，先の「支援の考え方」で示したように，周囲が心配しているだけで，当事者であるケアラー自身からのSOS表出がない場合がある。この点が支援の難しさだと考えられる。

　ヤングケアラーのことをよりよく理解するためのヒントとして，[15]「家族のことを知られたくないと思っていることも多い」「負担になっていても大切な家族のために自分からケアをしたいという想いがあることも少なくない」「ケアを否定されると自分がしてきたことを否定されたように思ってしまう」側面もあり，「本人とその家族の意思を尊重しながら，本人にとっての選択肢を増やしていく」ことが重要とされる。ヤングケアラーだから支援が必要だと思っても，支援者側の一方的な価値観による押しつけはマイナスに働くことがある。

　以上を踏まえ，ヤングケアラーの支援にあたっては，その世帯が抱える状況に応じた関係機関の連携が求められる（図12-3）。具体的には，ヤングケアラーとその家族に関わる地域関係者を中心にして，児童福祉分野・教育分野・

第Ⅲ部　ファミリーソーシャルワークの実際

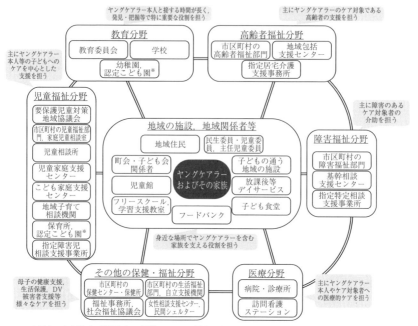

図12-3　ヤングケアラーおよびその家族を支える関係機関

出所：有限責任監査法人トーマツ（2024）「令和３年度子ども・子育て支援推進調査研究事業『多機関連携によるヤングケアラーへの支援の在り方に関する調査研究』多機関・多職種連携によるヤングケアラー支援マニュアル――ケアを担う子どもを地域で支えるために」19頁より一部筆者改変。

高齢者福祉分野・障害福祉分野・医療分野等の多機関連携が想定されている。それぞれの機関の役割と機能を把握し、支援ニーズに沿った地域ネットワークを形づくることがポイントとなってくる。

　連携の姿勢として、「ヤングケアラーが生じる背景を理解し、家族を責めることなく、家族全体が支援を必要としていることを各機関が理解すること」「緊急の場合を除いて、ヤングケアラー本人抜きで性急に家庭に支援を入れようとすることはせず、本人の意思を尊重して支援を進めることが重要であることを各機関が理解すること」「ヤングケアラー本人や家族の想いを第一に考え、本人や家族が希望する支援は何か、利用しやすい支援は何かを、各機関が協力して検討すること」「各機関や職種は、それぞれの役割、専門性、視点が異な

第 12 章　若者（ヤングケアラー）への支援

ることを理解し，共通した目標に向かって協力し合うこと」「ヤングケアラー本人や家族が支援を望まない場合でも，意思決定のためのサポートを忘れずに本人や家族を気にかけ，寄り添うことが重要であることを各機関が理解すること」[16]等が挙げられている。

　ファミリーソーシャルワークの展開においては，これまで述べてきたように，家庭のアセスメント（家族のケアとヤングケアラー自身の生活のバランス）によってその後の支援展開が左右される。その意味ではアセスメントは支援の要となるであろう。支援としては，ニーズに応じた多機関連携が基本となるが，その前提としてケアラー自身やその家族から SOS を受けとることができる連携のためのチームづくりが期待されるものである。

注

(1) 文部科学省（2023）「令和 4 年度　児童生徒の問題行動・不登校等生徒指導上の諸課題に関する調査結果及びこれを踏まえた緊急対策等について（通知）」(https://www.mext.go.jp/a_menu/shotou/seitoshidou/1422178_00004.htm　2024 年 7 月 15 日閲覧)。
(2) 髙橋聡美（2023）「大人は子どもの『助けて』を受け止められているか？」松本俊彦編『「助けて」が言えない子ども編』日本評論社，14〜15 頁。
(3) こども家庭庁「ヤングケアラーについて」(https://www.cfa.go.jp/policies/young-carer　2024 年 5 月 18 日閲覧)。
(4) 外村佳代子（2023）「ヤングケアラー支援のための概観と現状――日本人と外国人児童生徒の学力保障の担保についての考察」『kokusai-Joho』8 (1)，41〜46 頁。
(5) 三菱 UFJ リサーチ＆コンサルティング（2021）「令和 2 年度　子ども・子育て支援推進調査研究事業　ヤングケアラーの実態に関する調査研究報告書」(https://www.murc.jp/wp-content/uploads/2021/04/koukai_210412_7.pdf　2024 年 7 月 15 日閲覧)，27〜144 頁。
(6) 日本総合研究所（2022）「令和 3 年度子ども・子育て支援推進調査研究事業ヤングケアラーの実態に関する調査研究」(https://www.jri.co.jp/MediaLibrary/file/column/opinion/detail/2021_13332.pdf　2024 年 7 月 15 日閲覧) 65 頁。
(7) 濱島淑恵・宮川雅充・南多恵子「子どもがケアを担う背景・要因の検討――高校生を対象としたヤングケアラーに関する質問紙調査」『社会福祉学』64 (1)，41〜42 頁。

第Ⅲ部　ファミリーソーシャルワークの実際

(8)　(6)と同じ，309頁。
(9)　(5)と同じ，27〜144頁。
(10)　有限責任監査法人トーマツ（2024）「令和3年度子ども・子育て支援推進調査研究事業『多機関連携によるヤングケアラーへの支援の在り方に関する調査研究』多機関・多職種連携によるヤングケアラー支援マニュアル──ケアを担う子どもを地域で支えるために」(https://www2.deloitte.com/jp/ja/pages/life-sciences-and-healthcare/articles/hc/hc-young-carer.html　2024年7月15日閲覧）6頁。
(11)　(10)と同じ，6頁。
(12)　(7)と同じ，41〜43頁。
(13)　埼玉県（2023）「埼玉県におけるヤングケアラー支援スタートブック──ヤングケアラーの未来を，地域で支えるために私たちができること，すべきことの実践に向けて」(https://www.pref.saitama.lg.jp/documents/233021/youngcarerstartbook.pdf　2024年7月21日閲覧）6頁。
(14)　こども家庭庁支援局長（2024）「『子ども・子育て支援法等の一部を改正する法律』の一部施行について（ヤングケアラー関係）」(https://www.cfa.go.jp/assets/contents/node/basic_page/field_ref_resources/e0eb9d18-d7da-43cc-a4e3-51d34ec335c1/3ba2cef0/20240612_policies_young-carer_13.pdf　2024年7月31日閲覧）。
(15)　(10)と同じ，7頁。
(16)　(10)と同じ，9頁。

学習課題

①　あらかじめ，こども家庭庁ウェブサイトに掲載されている「ヤングケアラー特設サイト」(https://kodomoshien.cfa.go.jp/young-carer/) の映像を閲覧してみよう。
②　①のウェブサイトを利用して，居住している地域において，ヤングケアラーの相談ができる機関を検索してみよう。

第12章　若者（ヤングケアラー）への支援

コラム　垣根を越えて"大人"が手を差し伸べあい，調和すること

　「子ども」のためにソーシャルワークを展開するとき，最初のきっかけは，子ども自身よりも，教員，保護者，福祉職や医療職，主任児童委員や子ども食堂の人々など，周りの大人たちの声から始まることが多いです。実際のサポートも周囲の大人たちが力を合わせることが大きな意味を持ちます。しかし，実際は同じ「子どもたちのために」と思っているはずの大人たちがうまく協力できず，絡まった糸やクレバスのようになっている場面に出会います。なぜでしょう。「効率化」や「専門分化」で，あらゆる分野で「役割」や「決定権」，「責任」などが細分化され，お互いが何を想い，どんなことをして，何をしようとしているのかが見えにくくなり，手を差し伸べあって協力することができにくくなっているように，私は感じます。「暴力」「いじめ」「虐待」や「不登校」「ヤングケアラー」……。様々な言葉が増えるほど，地域にも組織のなかにも見えない沢山の「島」ができあがり，そこかしこでいろいろなものを押し付けあったり，背負い込んだりしている間に，保護者や専門職自身が「助けを求める」ことができなくなっているように思うのです。いろいろな現象の背景には，自覚の有無にかかわらず，「どうすればいいかわからなくなっている大人」がいるように思います。

　「学校を含めた地域」は，無限の可能性を秘めていますが，力を合わせるためには「重なり」が必要です。「違い」にばかり目を向けるのではなく，普段から雑談や対話を重ね，偏見や誤解を越えて互いの理解が深まることが必要なのだと思います。今のスクールソーシャルワーカーの勤務状況下，子どもたちの一番近くにいることが多い「保護者や教員を支える地域のチームをつくること」が最優先事項といっても言い過ぎではない気がします。垣根を越えて各々の間に立ち，雑談しながら地域でそれぞれの想いや葛藤を味見していると，同じ味わいや似た香りに出会います。組織同士の意外な役割の重複，同じ悩み……。ソーシャルワーカーとはいわれていなくても，意識的あるいは無意識的に「ソーシャルワークをしている人」もたくさんいます。顔の見える関係になりながら，わからなさ・悩み・迷いという「重なり」からスタートすると，意外なほどするりと糸の絡まりがほどかれ，つながりの確かさが増すことがあります。ときに差し伸べる手の代わりになりながら，お互いに手を差し伸べられるチームをつくる仕事。「この人とこの人が出会ったら面白そうだな」「どうやったらつながりあえるだろう」。そんな「もやもや」を常に自分のなかに持ちつづけ，すぐには無理でも波間に漂うブイのように，調和を目指して小さな対話を積み重ねていきたいと思う今日この頃です。

（本宮市教育委員会・スクールソーシャルワーカー　大久保尚也）

第13章

危機的状況にある家族への支援①
虐待・DV

　虐待や配偶者（事実婚や元配偶者，生活を共にする交際相手を含む）間の暴力を意味するドメスティックバイオレンス（DV）は家庭内で生命を脅かす危険性のある行為である。日本において，虐待に関する法律は児童虐待防止法，高齢者虐待防止法，障害者虐待防止法があるが，ここでは児童虐待防止法（児童虐待の防止等に関する法律）を取り上げる。ソーシャルワーカーは虐待やDVを受けている被害者の安全や安心を確保するために関係機関と連携を図りながら様々な支援を行っている。本章では，虐待やDVとは何か，どのような行為が虐待やDVに当てはまるのか，虐待やDVの影響など，その概要について理解を深めることを目的にする。

1　児童虐待とは

（1）児童虐待防止法による定義
　児童虐待は子どもの「人権を著しく侵害し，その心身の成長及び人格形成に重大な影響を与える」（児童虐待防止法第1条）ため，児童虐待を予防し，早期発見，早期対応することは子どもの権利擁護につながる。児童虐待防止法では，児童虐待を保護者（親権を行う者，未成年後見人その他の者で子どもを現に監護する者）による子どもに対する表13-1の行為と定義されている（同第2条）。

（2）児童虐待の推移
　児童相談所における児童虐待の相談対応件数は1990（平成2）年から統計が

表13-1　児童虐待の種別と定義

種別	定義	具体例
① 身体的虐待	児童の身体に外傷が生じ、または生じるおそれのある暴行を加えること。	殴る、蹴る、叩く、投げ落とす、激しく揺さぶる、やけどを負わせる、溺れさせるなど
② 性的虐待	児童にわいせつな行為をすることまたは児童をしてわいせつな行為をさせること。	子どもへの性的行為、性的行為を見せる、ポルノグラフィの被写体にするなど
③ 放棄・放任（ネグレクト）	児童の心身の正常な発達を妨げるような著しい減食または長時間の放置、保護者以外の同居人による①②④の行為を放置することなど。	家に閉じ込める、食事を与えない、ひどく不潔にする、自動車の中に放置する、重い病気になっても病院に連れて行かないなど
④ 心理的虐待	児童に対する著しい暴言または著しく拒絶的な対応、家庭における DV、その他の児童に著しい心理的外傷を与える言動を行うこと。	言葉による脅し、無視、きょうだい間での差別的扱い、こどもの目の前で家族に対して暴力をふるう（面前 DV）、子どものきょうだいに①～④の行為を行うなど

出所：児童虐待の防止等に関する法律より筆者作成。

開始されており、その件数は増加を続けている（図13-1）。

近年の児童虐待相談内容別件数の推移（図13-2）をみると、たとえば2011（平成23）年には、身体的虐待（36.6%）、ネグレクト（31.5%）、心理的虐待（29.5%）、性的虐待（2.4%）となっていたが、2022（令和4）年には心理的虐待（59.6%）が最も多くなっており、次いで身体的虐待（23.0%）、ネグレクト（16.2%）、性的虐待（1.1%）となっている。

特に心理的虐待の増加が顕著であるが、図13-1にあるとおり、子どもの前で発生する面前 DV を理由とする警察などからの通告が増加していることが主な要因である。

（3）虐待のリスク要因

児童虐待を発生させる確率を高める要因をリスク要因という。子育て家庭に対する必要な支援によりリスクを低下させることは児童虐待の予防・防止につながる。ここでは、4つの視点で具体的にリスク要因をみていく（表13-2）。なお、このリスク要因があるすべての子育て家庭に虐待が発生しているわけで

第Ⅲ部 ファミリーソーシャルワークの実際

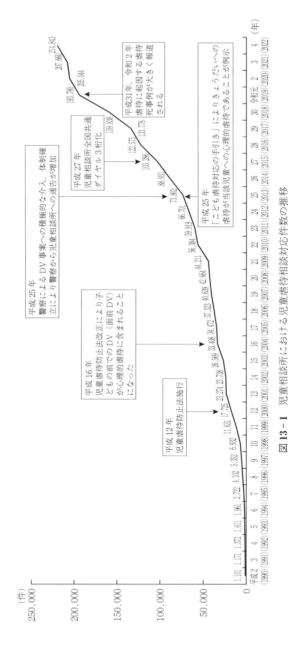

図13-1 児童相談所における児童虐待相談対応件数の推移

出所：厚生労働省「福祉行政報告例」，厚生労働省子ども家庭局（2018）「児童虐待防止対策の取組状況について」をもとに筆者作成。

第13章 危機的状況にある家族への支援① 虐待・DV

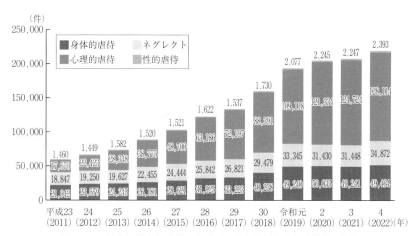

図13-2 近年の児童相談所における児童虐待相談内容別件数の推移
出所：厚生労働省「福祉行政報告例」をもとに筆者作成。

表13-2 児童虐待のリスク要因

保護者側の リスク要因	望まない妊娠，若年の妊娠，子どもへの愛着形成が十分に行われていない（子どもの長期入院など），マタニティーブルーズや産後うつ病等精神的に不安定な状況，攻撃的・衝動的性格，精神障害，知的障害，慢性疾患，アルコール依存，薬物依存，被虐待経験，育児への不安など。
子ども側の リスク要因	乳児期の子ども，未熟児，障害児，多胎児，保護者にとって何らかの育てにくさをもっている子どもなど。
養育環境の リスク要因	経済的に不安定な家庭，親族や地域から孤立した家庭，未婚を含むひとり親家庭，内縁者や同居人がいる家庭，子連れの再婚家庭，転居を繰り返す家庭，保護者の不安定な就労や転職の繰り返し，夫婦間不和・DVなど不安定な状況にある家庭など。
その他の リスク要因	妊娠の届出が遅い，母子健康手帳未交付，妊婦健康診査未受診，乳幼児健康診査未受診，飛び込み出産，専門職の立ち合いがない自宅等での分娩，きょうだいへの虐待歴，関係機関からの支援の拒否など。

出所：こども家庭庁支援局虐待防止対策課（2024）「子ども虐待対応の手引き（令和6年4月改正版）」
（https://www.cfa.go.jp/policies/jidougyakutai/hourei-tsuuchi/taiou_tebiki　2024年9月3日閲覧）
29頁より一部筆者改変。

はないことに注意が必要である。

（4）児童虐待による子どもへの影響

　本来，子どもが苦痛や不安を抱えるときは，保護者が安全基地の役割を果た

表13-3　児童虐待の影響

身体的影響	外から見てわかる傷（打撲や熱傷など），外から見えない傷（骨折，頭蓋内出血など），栄養障害や体重増加不良，低身長，愛情不足により成長ホルモンが抑えられた結果の成長不全など。
知的発達面への影響	安心できない環境下での生活で学習に集中できない，学校への登校がままならないなどによる不十分な知的発達。 虐待者と児童の間のコミュニケーションの不足や年齢・発達レベルに合わない過度な要求による知的発達の阻害。
心理的影響	① 対人関係の障害：愛着対象（保護者）との基本的信頼関係が構築できない結果，他人を信頼し愛着関係の形成が困難となり，対人関係の問題が生じる。 ② 低い自己評価：「自分が悪いから虐待される」「自分は愛情を受けるに値する存在ではない」と感じることで，自己評価が低下し，自己肯定感を持てない。 ③ 行動コントロールの問題：暴力を受けて育った子どもは暴力で問題を解決することを学習（誤学習）し，学校や地域で粗暴な行動をとる。 ④ 多動：虐待的な環境で養育されることは子どもを刺激に対して過敏にさせることがあり，落ち着きのない行動（ADHDに似た症状）を示す。 ⑤ 心的外傷後ストレス障害（PTSD）：こころの傷（トラウマ）は適切な治療を受けないまま放置されると，PTSDとして残り，思春期等に問題行動として出現する。 ⑥ 偽成熟性：大人の顔色をうかがう，大人の欲求を先取りした行動をとる。また，精神的に不安定な保護者に代わって大人としての役割を果たすことで，大人びた行動をとる。一見良い子に見えるが，思春期等に問題を表出する。 ⑦ 精神的影響：記憶障害や意識がもうろうとした状態，離人感などが見られることがあり，防衛機制としての解離の発現や解離性同一性障害に発展することもある。

出所：こども家庭庁支援局虐待防止対策課（2024）「子ども虐待対応の手引き（令和6年4月改正版）」（https://www.cfa.go.jp/policies/jidougyakutai/hourei-tsuuchi/taiou_tebiki　2024年9月3日閲覧）5～6頁より筆者作成。

し，子どもは保護者から安心感を得る。しかし，児童虐待はその保護者が子どもにとって恐怖を与える存在となっており，子どもは悪影響を受ける。

　虐待の影響は子どもの年齢や性格，虐待を受けていた期間などにより様々であるが，その特徴は表13-3のとおりである。なお，虐待を受けた子ども全員がこの特徴を示すわけではない。

（5）児童虐待による死亡

　児童虐待の最も重大な結果は子どもの死亡である。国は児童虐待による子どもの死から今後の再発を防止するために事例を分析・検証し，明らかとなった

第13章　危機的状況にある家族への支援①　虐待・DV

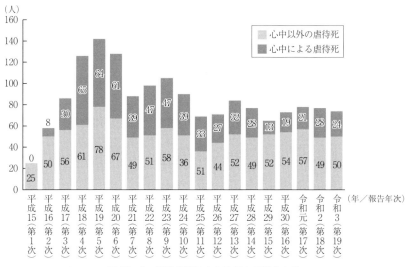

図13-3　児童虐待による子どもの死亡人数

注：1）　第1次報告は対象期間が平成15年7月1日から同年12月末日（半年間），第5次報告は平成19年1月1日から平成20年3月31日まで（1年3か月間）と，対象期間（月間）が他の報告と異なる。
　　2）　第1次報告の心中による虐待死は調査が実施されていない事項。
出所：こども家庭審議会児童虐待防止対策部会児童虐待等要保護事例の検証に関する専門委員会（2023）「こども虐待による死亡事例等の検証結果等について（第19次報告）」（https://www.cfa.go.jp/councils/shingikai/gyakutai_boushi/hogojirei/19-houkoku　2024年9月3日閲覧）をもとに筆者作成。

問題点・課題から具体的な対応策の提言を行うために，2004（平成16）年に社会保障審議会児童部会（2023年からこども家庭審議会児童虐待防止対策部会）の下に「児童虐待等要保護事例の検証に関する専門委員会」を設置し，検証を行っている。

　第1次報告から第19次報告までに把握した児童虐待による死亡事例数および死亡人数（図13-3）は，心中以外の虐待死事例では939例（989人），心中による虐待死事例では446例（619人）であった[1]。心中を虐待死としているのは，「親の自殺と子どもの虐待死」が同時に発生していると考えるためである。

　第19次報告において，死亡時点の子どもの年齢は心中以外の虐待死事例では「0歳」が24人（48.0％）と最も多い。この24人の月齢をみると，「0か月」が6人（25.0％）であり，0歳0か月児の死亡が最も高い割合である。また，死亡した3歳未満の割合は31人（62.0％）であり，自ら抵抗する力が弱い低年齢

児に虐待死が多く発生している。

2 配偶者からの暴力（DV）

（1）DV の定義

　2001（平成13）年に施行した配偶者からの暴力の防止及び被害者の保護等に関する法律によれば，配偶者からの暴力（DV）は「配偶者からの身体に対する暴力（身体に対する不法な攻撃であって生命又は身体に危害を及ぼすものをいう。以下同じ。）又はこれに準ずる心身に有害な影響を及ぼす言動（中略）をいい，配偶者からの身体に対する暴力等を受けた後に，その者が離婚をし，又はその婚姻が取り消された場合にあっては，当該配偶者であった者から引き続き受ける身体に対する暴力等を含むものとする」（第1条）と定義されている。具体的な暴力の種別と具体例は表13-4のとおりである。

（2）配偶者暴力相談支援センター等への相談件数の推移

　配偶者暴力相談支援センターへの相談件数は2020（令和2）年に12万9491件と過去最高となっているが，その後も高水準で相談件数が推移している（図

表13-4　DV の具体的な種類と具体例

種　別	具体例
身体的暴力	殴る，蹴る，首を絞める，突き飛ばす，刃物をみせて脅す，刃物で切り付ける，物を投げる，髪の毛を引っ張る，階段から突き落とす，など。
精神的暴力	思い通りにならないと不機嫌になる，人格否定を繰り返す，無視する，見下す，馬鹿にする，大声で怒鳴る，発言権を認めない，何でも従えという，など。
経済的暴力	生活費を渡さない，多額の借金をする，貯金を勝手におろす，家計を厳しく管理する，借金をさせる，売春させ報酬は搾取する，など。
性的暴力	同意のないあらゆる性行為，性的嗜好を押しつける，中絶の強要，脅しや暴力的な性行為，性行為の画像を許可なく撮りネットに公開すると脅す，など。
社会的隔離	人付き合いを制限する，交友関係を監視する，GPS アプリを入れて監視する，スマホ履歴をチェックする，電話・メールの返信が遅いと怒る，など。

出所：内閣府男女共同参画局（2024）「令和5年度 DV 相談プラス事業における相談支援の分析に係る調査研究事業報告書」（https://www.gender.go.jp/policy/no_violence/e-vaw/chousa/r02_dvplus.html　2024年9月3日閲覧）72頁より筆者作成。

第13章 危機的状況にある家族への支援① 虐待・DV

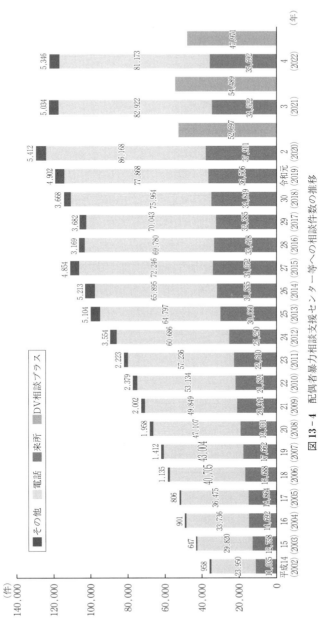

図13-4 配偶者暴力相談支援センター等への相談件数の推移

出所：内閣府男女共同参画局（2024）『令和6年版 男女共同参画白書』143頁。（https://www.gender.go.jp/about_danjo/whitepaper/r06/zentai/pdfban.html 2024年9月3日閲覧）。

第Ⅲ部　ファミリーソーシャルワークの実際

表13-5　DV の心身への影響

身体的な影響	傷, 打撲, 捻挫, 内出血, やけど, 脳内出血, 鼓膜損傷, 頭痛・背部痛などの慢性疼痛, 食欲不振や体重減少, 機能性消化器疾患, 高血圧症, 狭心症, 過呼吸症候群, 気管支喘息, 偏頭痛, めまいなど。
精神的な影響	不安障害（パニック障害，PTSD，社会恐怖，強迫性障害など），気分障害（うつ病性障害など），物質関連障害（アルコール，薬物依存など），自殺企図など。
性や生殖に関する影響	性感染症，性交痛，望まない妊娠，流産，度重なる中絶など。

出所：広島県（2017）「DV 被害者対応マニュアル（医療関係者向け）」（https://www.pref.hiroshima.lg.jp/soshiki/51/1232588073976.html　2024年9月3日閲覧）4頁を一部筆者改変。

13-4）。

　内閣府による調査によれば，配偶者からの被害経験（「身体的暴行」「心理的攻撃」「経済的圧迫」「性的強要」）として，結婚したことがある人（1838人）の25.1％，女性（1050人）では27.5％，男性（788人）では22.0％が暴力を受けている。そのうち全体の10.7％，女性の13.2％，男性の7.2％は何度も被害を受けている[2]。また，DV 相談者の年齢は，30～40代が56.2％と全体の半数以上を占めており，相談の約7割が精神的暴力を含んだ内容となっている[3]。

（3）DV の心身への影響

　DV は心身に様々な影響を与える（表13-5）。DV 被害者は恐怖や不安を感じるため，「逃げたらもっと暴力を受けるかもしれない」「逃げたら自立した生活は難しいかもしれない」などと考え，実家に戻ろう，避難しようという決心は難しい。さらに，「自分を助けてくれる人はいない」という対人不信や「自分が悪いから暴力を受けている」という過度な自責感情があれば，相談自体が難しいこともある[4]。

（4）DV サイクル

　すべての事例に当てはまるわけではないが，DV には一般的に3つの局面（①緊張期，②爆発期，③ハネムーン期）があるとされる（図13-5）。このサイクル（周期）は人によって期間も異なり，3つの局面が必ず現れるとは限らない。

　加害者が被害者に暴力を振るう爆発期の後に，加害者は被害者が自身から離

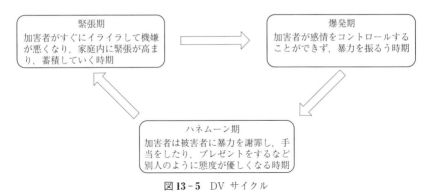

図13-5 DVサイクル

出所:筆者作成。

れていくことを防ぐため,謝罪をしたり,手当てをしたり,プレゼントをするなどして被害者に優しくなるハネムーン期をむかえる。被害者は加害者に対して「もう二度と暴力を振るわないかもしれない」と期待を抱くと,加害者のもとから逃げ出せなくなる。このハネムーン期が継続することはなく,再び,加害者が少しのことでイライラし機嫌が悪くなる緊張期をむかえる。被害者は加害者の機嫌を損なわないように生活をする。そして,ある段階をむかえると加害者は「被害者に原因がある」,あるいは「被害者のためだから」といった理由で被害者に暴力を振るう爆発期に至る。

このようなDVサイクルが継続すると,被害者の主体性は弱くなり,加害者に従属的になるため,DVから抜け出すことがさらに困難になる。

3 虐待・DVへの対応

虐待やDVへの対応に従事する者にとって,最も大切にしなければならないことは虐待やDVを受けている者の安全と安心を確保することである。また,夜間や休日に発生することもあるので,そのような場合でも緊急に対応することである。

一方で,虐待においては保護者を支援し,子育ての負担を軽減することなどにより虐待の発生を予防することが法令や通知で求められている。また,仮に

第Ⅲ部　ファミリーソーシャルワークの実際

虐待が発生し，緊急で分離する場合でも虐待者を罰するのではなく，虐待が再発しないよう，また，親子が相互に肯定的なつながりをもつことができるように相談や支援を継続することが基本となる。ただし，虐待対応は単一の機関，職種のみで対応することは困難であり，地域の関係者や関係機関と連携・協働することが必要になる。そのためにも地域の関係機関とネットワークを構築し，それぞれの機関の機能を理解し役割分担することが大切となる。

　ここで，事例から児童虐待の対応を考えてみたい。なお，本事例は架空の事例である。

事例　児童虐待の対応

　児童相談所に住民から「近所の家から小さな男の子の泣き声が聞こえてくることがあり，とても心配している。近所の家は1か月前に引っ越してきたばかりでどういう人かはわからない」という電話（通告）があった。

　児童相談所では電話の内容をA市役所へ伝え，該当する家庭に関する情報を確認した。市役所の担当者の話では，3歳の男児が住んでいる母子家庭であること，母親は父親からのDVの被害者で1か月前に他県から避難のために転居してきたこと，男児は市立保育所を利用していることが判明した。

　児童相談所が保育所に母子の様子を確認すると，転居後間もなく男児は保育所の利用を開始し休むことはないこと，傷やあざは一度もなく元気に過ごしていること，母親は普段から表情が暗いことを把握した。また，保育士から表情の暗い母親が気になるので，男児を迎えに来た際に母親に様子を確認するという申し出があったため，依頼した。

　翌日，保育所から児童相談所に，保育士が母親へ確認した内容の報告があった。保育士から母親にA市への転居後の生活について確認したところ，母親は泣き出し，「誰かに相談をしたら母親失格だと言われるような気がして誰にも相談できなかった。子どもが言うことを聞かないときにダメだと思っていても，つい大きな声をあげてしまった。本当は子どもと笑顔で生活するために引っ越しをしたのに，今の状況がとてもつらい」と話したということであった。

　保育士から，今後は①保育所や市の家庭児童相談室が定期的に話を聞き，子育てについて一緒に考えることができること，②母親のこころの健康について保健師に相談できることを提案したところ，ぜひお願いしたいという返事だったため，保育所から市役所に連絡し，市役所では要保護児童対策地域協議会の要支援児童として支援を開始するとのことであった。その後，市役所からも児童相談所に同様の連絡が入った。

第13章　危機的状況にある家族への支援①　虐待・DV

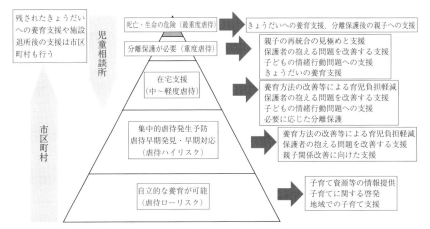

図13-6　虐待の重症度等と対応内容及び児童相談所と市区町村の役割
出所：こども家庭庁支援局虐待防止対策課（2024）「子ども虐待対応の手引き（令和6年4月改正版）」
（https://www.cfa.go.jp/policies/jidougyakutai/hourei-tsuuchi/taiou_tebiki　2024年9月3日閲覧）12頁。

　この事例のように，虐待対応において中心的な役割を果たす機関は児童相談所と市区町村であるが，関係機関との連携，役割分担を図ることが重要である。児童虐待は死亡や生命の危険がある最重度の虐待から自立的な養育が可能である虐待ローリスクと事例によって程度は様々である（図13-6）。
　子どもを分離する対応（一時保護や施設入所・里親委託）が必要となる重度，最重度の虐待では権限のある児童相談所が主に対応し，保護者と子どもが再びともに生活することができるかどうかを検討する。また，子どもが分離されたとしても残されたきょうだいへの養育支援や施設退所（家庭復帰）後の家庭支援は児童相談所と市区町村が協働で対応する。
　在宅支援にあたる軽度から中度の虐待対応は，市区町村が中心となるが，地域の社会資源やネットワーク（要保護児童対策地域協議会）を駆使して支援を行う。また，児童虐待の発生予防でも，乳児家庭全戸訪問事業（こんにちは赤ちゃん事業）や相談機関であるこども家庭センター（児童福祉部門の子ども家庭総合支援拠点と母子保健の子育て世代包括支援センターを一体化した組織）など市区町村の役割が大きい。

このように虐待対応では，子どもの安全・安心を第一に考え子ども支援を行うとともに，保護者がどうして虐待をしてしまったのか，その背景を理解したうえで保護者支援を行うものである。保護者への一方的な指導だけでは信頼関係を築くことができず，有効な支援にならないということを忘れてはならない。

注
(1) こども家庭審議会児童虐待防止対策部会児童虐待等要保護事例の検証に関する専門委員会（2023）「こども虐待による死亡事例等の検証結果等について（第19次報告）」（https://www.cfa.go.jp/councils/shingikai/gyakutai_boushi/hogojirei/19-houkoku　2024年9月3日閲覧）。
(2) 内閣府男女共同参画局（2024）「男女間における暴力に関する調査報告書（令和5年度調査）」。
(3) 内閣府男女共同参画局（2024）『令和6年版　男女共同参画白書』（https://www.gender.go.jp/about_danjo/whitepaper/r06/zentai/pdfban.html　2024年9月3日閲覧）。
(4) 広島県（2017）「DV被害者対応マニュアル（医療関係者向け）」（https://www.pref.hiroshima.lg.jp/soshiki/51/1232588073976.html　2024年9月3日閲覧）。

学習課題
① 児童相談所における虐待相談対応件数が増加している理由を考えてみよう。
② 無力感が強いDV被害者がその後主体的な生活を送るために，どのような支援が必要になるか考えてみよう。

第13章　危機的状況にある家族への支援①　虐待・DV

コラム　すべての子どもたちに家庭のぬくもりを

　私は，大学院で児童養護施設を退所した若者たちの支援について研究しています。日本は子どもの数が減っているにもかかわらず，様々な理由によって親と暮らせない子どもたちが増えています。こども家庭庁の調査結果「児童養護施設入所児童等調査の概要」によると2万3043人もの子どもが児童養護施設での生活を余儀なくされています（2023年2月1日現在）。その入所理由の多くは親からの虐待によるものです。

　幼少期の虐待体験は愛着の形成や心身の発達など子どもの成長に様々な影響を及ぼすとされています。こうした現状から，虐待によって傷ついた心のケアが求められるようになり，児童養護施設はこれまでの大人数による集団での生活からより家庭に近い少人数での生活に変わってきました。信頼できる人への安心感を育みながら子どもとの密接な関係によるケアを目指すためです。しかし，こうした生活は原則18歳という期限付で終えてしまうのが一般的です。皆さんは一定の年齢を迎えることで家族を失うなど考えたこともないと思います。施設に入所した子どもは児童福祉法の対象とならない18歳を迎えれば，その日常的な絆を失ってしまうのです。

　すべての子どもにとって"家族"は人格形成を行う上でとても大切な存在です。なぜ子どもは泣くのか，なぜ抱っこを求めるのか，なぜわがままを言うのか。それは自分を受け止めてくれる大人の存在があるからです。そのようにして，愛情を確かめ，悲しい，嬉しいという適切な情緒の表現を覚えていくのです。したがって，最も人とのつながりを必要とする時期に，自身を無条件に受け入れてくれる親（大人）との安定したかかわりが必要なのです。さらに，大人になっても家族は当たり前に自分を支えてくれる最も身近な存在であり，家庭は幼少期の思い出も含めて心の拠り所となる居場所としてあり続けます。

　様々な事情によって，家族との偏った経験を持つ子どもや家庭と一緒に過ごすことができなかった子どもに，家庭という場をどのようにして保障していくかは大きな問題です。彼らの長い人生において家庭という居場所がどれほど大きな力を持っているのでしょう。そのためには，大人たちが"家族"が持つ力の大きさをもう一度認識する必要があります。私がそうであったように，皆さんも今の自分があるのは家族がいたからこそではないでしょうか。ソーシャルワーカーとして，あるいはこれからソーシャルワーカーを目指す方も"家族"が持つ力を改めて考えてみてください。

（関西福祉科学大学大学院　野田李来）

第14章

危機的状況にある家族への支援②
社会的孤立による問題

　本章では，社会的孤立という問題を抱えた危機的状況にある家族への支援について述べている。社会的孤立は人生のどの時期にも現れる。そして，その多くは主として思春期・青年期に始まるひきこもりとそれに付随することが多い生活困窮という問題を抱えている。本章は，この社会的孤立という複雑で多様性をもった問題を理解し，その問題に対する考え方，対応の仕方などをメゾ・マクロの視点でとらえることを目的としている。具体的には孤独，社会的孤立，8050問題，孤立死などについて理解を深めてもらうことを願っている。

1　孤立と孤独

（1）孤立と孤独の意味

　日本では2021（令和3）年2月に，「孤独・孤立対策担当大臣」が新設され，内閣官房には「孤独・孤立対策担当室」が設置された。これは，新型コロナウイルス感染が拡大しその影響で深刻化する孤独・孤立問題の対策に取り組み，各省庁にまたがる問題に横断的に対応するためといわれている。そして2024（令和6）年6月1日から「孤独・孤立対策推進法」が実施された。ここでは，まず，孤立と孤独についてその意味を明らかにしておきたい。

　日本の孤独・孤立対策の重点計画によれば，「一般に，『孤独』は主観的概念であり，独りぼっちと感じる精神的な状態を指し，寂しいことという感情を含めて用いられることがある。他方，『孤立』は客観的概念であり，社会とのつながりや助けのないまたは少ない状態を指す」[1]としている。また，「孤独・孤

立に関して当事者や家族等が置かれる具体的な状況は多岐にわたり，孤独・孤立の感じ方・捉え方も人によって多様である」としつつも，①社会とのつながりが少なく「孤立」しており，不安や悩み，寂しさを抱えて「孤独」である場合，②社会とのつながりが一定程度あり「孤立」していないが，不安や悩み，寂しさを抱えて「孤独」である場合，③社会とのつながりが少なく「孤立」しているが，不安や悩み，寂しさを抱えていないため「孤独」でない場合もある（ただしその場合でも，家族など周りの方が困難を抱えている場合も想定される），と場合分けし，重点計画では「望まない孤独」を「孤独」としている。

日本に先立って，2018年1月にイギリスでは「孤独問題担当国務大臣」が世界で初めて設置され，同年10月に「孤独対応戦略」を発表した。イギリスでは孤立（isolated）ではなく孤独（loneliness）を用いている。イギリスにおける「孤独」の定義は「交友関係の欠如や喪失という主観的で好ましくない感情。現在有する社会的関係の量や質と望んでいる社会的関係の量や質との間にミスマッチがある時に生じる」とし，当時のテリーザ・メイ首相は「孤独は現代の公衆衛生上，最も大きな課題の一つ」とした。また，「孤独は，肥満や一日15本の喫煙以上に体に悪く，孤独な人は，社会的なつながりを持つ人に比べ，天寿を全うせずに亡くなる割合は1.5倍に上がるとの調査結果も発表され，孤独で生じる経済的損失は，約4.8兆円に達すると言われている」という。

日本でも健康との関係は言及されている。人生の3大不安は「病気」「孤独・孤立」「貧困」だといわれており，これらのうち「孤独・孤立」は身体的な病気ではないが社会的な病的状態ともいえ，様々な病気の温床となり得る。

孤独のもたらす弊害は孤立のもたらす弊害と重なる部分が多く，日本では，イギリス的な孤独の意味も含んで，「孤独・孤立対策担当大臣」というように「孤独・孤立」と併記して用いている。

（2）孤立・孤独の実態

次に，2023（令和5）年に内閣府が実施した孤独・孤立の実態把握に関する全国調査「令和5年人々のつながりに関する基礎調査」（以下，つながり調査）を参照しながら，孤独・孤立の現状を述べよう。図14−1は直接質問をまとめ

第Ⅲ部　ファミリーソーシャルワークの実際

図14-1　孤独感の「しばしばある・常にある」人の属性

出所：内閣官房孤独・孤立対策担当室「孤独・孤立の実態把握に関する全国調査」（令和5年人々のつながりに関する基礎調査）38～39頁。

たものである。全体の結果は，孤独感を感じることがある人は4割近く，年齢階級別にみると20歳代から50歳代までが高い傾向となっている。"決して孤独を感じない人"は減ってきている。孤独感が「しばしばある・常にある」人の年齢は20歳代の人が最多で，男性のほうが多く，配偶者の有無では未婚者のほうが孤独を感じやすい。また，同居人もいないほうが孤独を感じやすい。仕事については，学生・生徒が一番多く，次に失業中の人，正規の職員・従業員，次に非正規の職員・従業員とその他が5.0％で同数である。世帯年収では100万円未満が，「わからない」という回答を除けば，最も高い比率になっている。年収の低い人のほうが孤独感を感じている。

頼れる人の有無では，当然のことと思われるが"いない人"の孤独感が高まっている。心身の健康状態も，これも当然といえば当然で健康状態のよくない人の孤独感は高い。世帯年収と重なるが，経済的な暮らし向きも，「大変苦しい」ほうが孤独感は高くなる。

図14-1にはないが，この「つながり調査」では，まったく外出しない人もかなり孤独感が高くなっている。そして社会活動に参加している人の孤独感は低く出ていた。また，孤独期の継続期間は「孤独感の強い人ほど，孤独の継続期間が長い」と出ている。孤独の継続期間が長いから孤独感が高まるという見方もできる。孤独感に影響を与えたと思われる出来事は高い順に「家族との死別」「ひとり暮らし」「特に影響を与えた出来事はない」となっており，「家族との死別」が最も影響していると回答されている。

2 社会的孤立

(1) 社会的孤立とは

本章では孤立を社会との関連でみる"社会的孤立"としてとらえる。

内閣府や内閣官房孤独・孤立対策室では，社会的孤立を「家族や地域社会との交流が，客観的に見て著しく乏しい状態」のこととし，単身世帯，未婚者・離別者，暮らし向きが苦しい者，健康状態がよくない者が社会的に孤立しやすいとしている。また，斉藤は社会的孤立を家族やコミュニティとほとんど接触

がないこと（客観的）とし，孤立者はソーシャルサポートが乏しい，多くは強い孤独感を抱えている，自殺と関連する，高齢者の犯罪とも関連している可能性があるとしている。そして，孤立（仲間外れ）は肉体的な苦痛と同様の反応を引き起こすという。こうしたことを背景にして孤独・孤立対策推進会議は「孤独・孤立は，人生のあらゆる場面において誰にでも起こり得るものであり，支援を求める声を上げることや人に頼ることは自分自身を守るために必要であって批判されるべきものではない。また，孤独・孤立は，当事者個人の問題ではなく，社会環境の変化により孤立は当事者の自助努力に委ねられるべき問題ではなく，現に当事者が悩みを家族や知人に相談できない場合があることも踏まえると，孤独・孤立は社会全体で対応しなければならない問題である[8]」としている。また，社会的孤立には心理的，身体的，社会・経済的要因がある。"心理的"には人づきあいが苦手や孤独を好むこと，"身体的"には体などが不自由で動きにくくなることや疾病のある状態，"社会・経済的"には退職，失職などで社会とのつながりが希薄になることや生活が貧しくていわゆる"お付き合い"ができなくなることなどがある。

　社会的孤立を経年的に見てみよう。社会的孤立は石田[9]によれば3つの時期に分けられる。

　第一期（1970年代）は高齢者の問題としてであった。1960年代の高度成長期を経て過疎化，核家族化が進み単身高齢者が増加し孤独・孤立が社会問題として認識され始めた。しかし，そのときの焦点は「高齢者」であったため，結局のところ，孤独・孤立問題は高齢者福祉の問題とみなされた。

　第二期（1990年代半ば）は災害時の問題として発生した。1995（平成7）年の阪神淡路大震災以降，仮設住宅での孤独死が問題になり，再び社会的孤立に関心が集まったが，特殊な状況の問題という見方が多かった。

　第三期（1990年代末から2000年代以降）は世の中の問題として認識された。1990年代以降，結婚をしない人たちが増加することにより，単身での一人暮らしが増加していき，一人暮らしが主流となった。いわゆる個人化現象である[10]。2019（令和元）年12月に海外で最初の感染が報告され，瞬く間にパンデミックといわれる様相を呈した新型コロナ感染症の拡大，それに伴うIT社会の進展

第14章 危機的状況にある家族への支援② 社会的孤立による問題

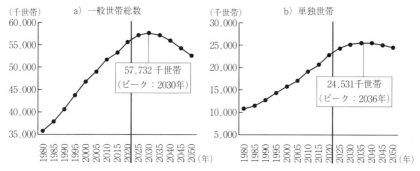

図14-2 家族類型別一般世帯数と単独世帯の推移（1980～2050年）
出所：国立社会保障・人口問題研究所「日本の世帯数の将来推計（全国推計）」（令和6（2024）年推計）10頁。

がさらに社会的孤立の傾向を強めることとなり，近年では社会的孤立はすべての世代に関わる問題となっている。

なお，2005（平成17）年9月24日のNHKスペシャル「ひとり　団地の一室で」という孤独死の特集によって，孤独・孤立への関心が強くなったといわれている。また，同じくNHKスペシャル2010（平成22）年1月31日の「無縁社会――"無縁死"　三万二千人の衝撃」の報道後日本社会には「無縁ブーム」が生じたという。

（2）社会的孤立の状況

前述の「つながり調査」では，社会的交流（家族・友人等との接触状況等），社会参加，社会的サポート（他者からの支援／他者への手助け）の状況から孤立の状態を把握していたが，既述のように孤独感のある人は頼れる人や相談相手のいない人が圧倒的に多く，同居人のいない人も多かった。同居人のいない単独世帯は核家族化，晩婚化・未婚化・非婚化，高齢化の影響を受けているといわれるが，ここでは，社会的孤立の状況を単独の高齢者世帯を通して見てみよう。

高齢者に言及する前に，全体の動きを見てみる。

図14-2は国立社会保障・人口問題研究所の調査結果である。2020（令和2）年の時点の一般世帯数のなかで最も多かった単独世帯は，2050（令和32）年には2330万世帯となり，一般世帯総数に占める割合も38.0％から44.3％へと上昇

第Ⅲ部　ファミリーソーシャルワークの実際

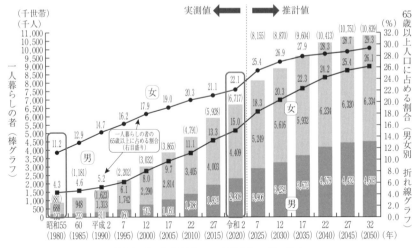

図14-3　65歳以上の一人暮らしの者の動向

資料：令和2年までは総務省「国勢調査」による人数，令和7年以降は国立社会保障・人口問題研究所「日本の世帯数の将来推計（全国推計）」（令和6（2024）年推計）による世帯数。
注1：「一人暮らし」とは，上記の調査・推計における「単独世帯」又は「一般世帯（1人）」のことを指す。
　2：棒グラフ上の（　）内は65歳以上の一人暮らしの者の男女計。
　3：四捨五入のため合計は必ずしも一致しない。
出所：内閣府『令和6年版　高齢社会白書』11頁。

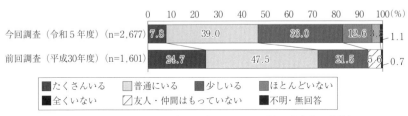

図14-4　親しくしている友人・仲間がいるか（全回調査との比較）

資料：内閣府「令和5年度高齢者社会対策総合調査（高齢者の住宅と生活環境に関する調査）」。
注1：前回調査は対象が60歳以上であったため，65歳以上の回答者のみ抽出して集計している。
　2：「たくさんいる」，「普通にいる」，「少しいる」は，前回調査ではそれぞれ「沢山もっている」，「普通」，「少しもっている」となっている。
　3：前回調査における「友人・仲間はもっていない」の選択肢は，今回調査では「ほとんどいない」「全くいない」としている。
出所：内閣府『令和6年版　高齢社会白書』64頁。

するという[14]。また，同調査では近年，男女ともに晩婚化，非婚化が進み，15歳以上の未婚率は2050年には男性36.5％，女性27.1％へと上昇することが見込ま

170

第14章　危機的状況にある家族への支援②　社会的孤立による問題

図14-5　人と話をする頻度（ひとり暮らしとそれ以外の比較）
資料：内閣府「令和5年度高齢者社会対策総合調査（高齢者の住宅と生活環境に関する調査）」。
出所：内閣府『令和6年版　高齢社会白書』65頁。

れている。つまり，単独世帯は増え続け，この傾向は，未婚化・非婚化傾向によってさらに増加すると予想される。

次に，単独世帯のなかでも比率の高い高齢者の単独世帯（以後原本，図表の引用を除き，一人暮らしと表記する）の現状を見てみる。図14-3の『令和6年版　高齢社会白書』の65歳以上の一人暮らしの人の動向を見ると，男女ともに増加傾向にある。

図14-4によると，今回調査では親しくしている友人，仲間は前回より減少している。高齢化が進むと，健康上の理由等で積極的に交遊を続けることは困難になってくることも一因と思われる。

図14-5は一人暮しの人が人と話す機会が大幅に減少していることを示している。

2005年の OECD の報告書に，"友人，同僚，または社会的グループの他の人々と時間をほとんど，あるいはまったく一緒に過ごさない回答者の割合"は，諸外国と比べて日本が最多であると記載されているが，近年はその傾向がますます強くなったといえよう。

（3）孤独・孤立死

孤独・孤立死の概念的定義は，内閣府の『平成22年版高齢社会白書』では「誰にも看取られることなく息を引き取り，その後相当期間放置されるような悲惨な『孤立死（孤独死）』」，厚生労働省の2008（平成20）年の定義では「人の尊厳を傷つけるような悲惨な『孤立死』」（つまり，社会から「孤立」した結果，死

第Ⅲ部　ファミリーソーシャルワークの実際

表 14-1　孤独死などの定義一覧

提唱者	名　称	定義および言説
東京新聞	孤独死	一人暮らしをしていて，誰にも看取られずに自宅で亡くなった場合
額田勲	孤独死	①　一人暮らしの被災者が仮設住宅内で誰にも看取られずに死亡，事後に警察の検視の対象となる異常死体
		②　低所得で慢性疾患に罹患していて完全に社会的に孤立した人間が，劣悪な住居もしくは周辺領域で，病死および自死に至った場合
	独居死	一人暮らしであっても肉親や社会との交流のある人が，心臓発作などによって誰にも看取られずに突然死すること
新井康友	孤独死	一人暮らしをしていて，誰にも看取られずに自宅で亡くなった場合
都留民子・唐鎌直義	貧困死	孤立の原因は貧困にあり，死に至らしめたのは貧困である
都市再生機構	孤独死	旧定義：「病死又は変死」事故の一態様で，死亡時に単身居住している賃借人が，誰にも看取られることなく，賃貸住宅内で死亡した事故をいい，自殺および他殺は除く
		新定義：上記の定義に「相当期間（1週間）を超えて発見されなかった事故」を加えた
厚生労働省	孤立死	社会から「孤立」した結果，死後，長時間放置されるような死
高齢社会白書	孤独死＝孤立死	誰にも看取られることなく息を引き取り，その後相当期間放置されるような死
日本災害看護学会	孤独死	従来から周囲との交流がなく，地域から（社会的に）孤立している状況の中で，誰にも看取られず一人で亡くなった場合
日本少額短期保険協会	孤独死	賃貸住宅居室内で死亡した事実が死後判明に至った一人暮らしの人

出所：新井康友（2020）「孤独死の実態と要因に関する一考察」『日本の科学者』55 (11), 12頁より一部筆者加筆。

後，長期間放置されるような「孤立死」[18]となっている。厚生労働省は，既述のように孤独は主観的で孤立は客観的という理解のもとに「孤立死」と表現している。他にこのような「死」に対して孤独死，独居死，貧困死という表現がある。[19]

第 14 章　危機的状況にある家族への支援②　社会的孤立による問題

表 14 - 2　孤独死者の男女比と年齢

男女別孤独死人数と死亡時の平均年齢（n=8,695）カッコ内の数字は前回の数値。

項　目	男　性	女　性	合　計
人数	7,241人（5,600人）	1,454（1,127人）	8,695（6,727人）
割合	83.3%（83.2%）	16.7%（16.8%）	100%
死亡時の平均年齢	62.5歳（62.1歳）	61.4歳（61.2歳）	61.9歳（61.9歳）
65歳未満者の割合	47.4%（49.2%）	48.8%（49.8%）	47.6%（49.4%）
平均寿命	81.05歳	87.09歳	—

男女別死亡年齢の構成比（n=8,543）年齢が不明なデータを除く。

	20～29歳	30～39歳	40～49歳	50～59歳	現役世代小計	60～69歳	70～79歳	80歳～	合　計
男性	294人	501人	699人	1,201人	2,695人	2,171人	1,598人	642人	7,106人
割合	4.1%(4.4)	7.1%(6.8)	9.8%(10.2)	16.9%(17.8)	37.9%(39.2)	30.6%(30.6)	22.5%(21.0)	9.0%(8.19)	100%
女性	108人	106人	160人	212人	586人	286人	323人	242人	1,437人
割合	7.5%(7.9)	7.4%(8.9)	11.1%(11.4)	14.8%(15.1)	40.8%(43.3)	19.9%(20.0)	22.5%(22.1)	16.8%(14.5)	100%
合計	4.7%(5.0)	7.1%(7.2)	10.1%(10.4)	16.5%(17.4)	38.4%(40.0)	28.8%(29.1)	22.5%(21.2)	10.3%(9.7)	100%

出所：日本少額短期保険協会孤独死対策委員会（2024）「第8回孤独死現状レポート2024年1月」(https://www.shougakutanki.jp/general/info/kodokushi/news/kodokusiReport_8th.pdf　2024年9月1日閲覧）8頁より一部筆者改変。

　孤独死，独居死の定義は表 14 - 1 に示すとおりである。共通しているのは，都留・唐鎌と厚生労働省を除いて，すべて一人暮らしであるということある。

　少額短期保険協会孤独死対策委員会の第8回孤独死現状レポート（2024年1月）では，「賃貸住宅居室内で死亡した事実が死後判明に至った1人暮らしの人」を孤独死と定義して，2015（平成27）年4月～2023（令和5）年3月までの孤独死をデータにとり，全対象者数8695人の調査結果を示している。

　表 14 - 2 では，孤独死者数の男女比と年齢は，男性が83.3%，女性が16.7%で圧倒的に男性に多い。平均年齢は男性62.5歳，女性は61.4歳であり平均寿命よりはかなり早い。図 14 - 6 では，病死は63.2%，自殺が9.4%，事故死が1.1%，不明が26.3%である。自殺は9.4%であるが，2022（令和4）年の全国

173

第Ⅲ部　ファミリーソーシャルワークの実際

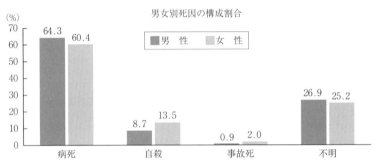

図14-6　孤独死者の死亡原因

出所：表14-2と同じ，9頁より一部筆者改変。

民の死者数のうち，自殺者が占める割合の1.4%[20]と比較すると，孤独死に占める自殺の割合が突出して高い。これには賃貸住宅において，同居人がいない場合に，孤独感が増し，自殺に至る確率が高くなっている可能性が考えられるという。

　なお，同レポートによると，孤独死が発見されると平均損害額は96万円であるという。家財道具の処分や汚損などの原状回復費用である。この費用の発生が孤独死保険ができ，この調査を行っている協会のような保険協会の存在理由の一つであろう。

　賃貸に限らず自宅での死亡状況をみると，図14-7の警察取扱死体のうち自宅において死亡した一人暮らしの者も高齢者が多くなっている。3か月で1万7034人であるから推計年間6万8000人となる。2023（令和5）年の「人口動態統計月報年計（概数）の概況」によれば2023（令和5）年に死亡した高齢者は144万5720人であるから，年間約4.7%，すなわち20人に1人が孤独・孤立死をしていることになる。

　最後に事例を見てみよう。

174

第 14 章　危機的状況にある家族への支援②　社会的孤立による問題

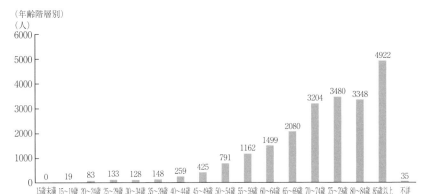

※　警察庁刑事局捜査第一課に報告があがったもの。警察取扱死体総数60,466のうち，自宅において死亡した一人暮らしの者の総数2万1716，割合35.9%。

図14-7　警察取扱死体のうち自宅において死亡した一人暮らしの者
（2024年第1四半期（1～3月分）暫定値）

出所：警察庁刑事局捜査第一課（2024）「警察取扱死体のうち自宅において死亡した一人暮らしの者」
（https://www.npa.go.jp/publications/statistics/shitai/hitorigurashi/20240515_kenshi4.pdf　2024年9月1日閲覧）より一部筆者改変。

事例1　老夫婦の孤独死

　読売新聞，2020年12月30日付朝刊の29面に掲載されていた記事は，"同居の2人「孤独死」"という見出しで，同年夏に自宅マンションにおいて高齢夫婦が遺体で見つかった事件を取り上げていた。夫（88歳）の急死後，認知症とみられる妻（85歳）は助けを求めることができず1週間後に餓死していたという。ポストに新聞が溜まっているので，マンションの管理会社が同じ市内の別の場所に住む長男に連絡を入れて発見された。老夫婦は親戚や近隣との交流はなく，夫は料理を作り妻は読書をして静かな老後を楽しんでいた。デイサービスの利用も拒否していた。同じ棟には民生委員も住んでいたが独居世帯の見守りが中心で，夫が一人で妻の世話をしていることは知らなかった。数年前町内会が会員の高齢化で廃止され，同居世帯の情報まで入らなくなっていたという。
　経済的には問題はなかったが，他者との交流を避け，孤立している場合には外側からは情報が把握できない仕組みに問題があったといえよう。

175

第Ⅲ部　ファミリーソーシャルワークの実際

3　生活困窮と8050問題

（1）生活困窮

　生活困窮者は生活困窮者自立支援法第3条によると，「就労の状況，心身の状況，地域社会との関係性その他の事情により，現に経済的に困窮し，最低限度の生活を維持することができなくなるおそれのある者をいう」となっている。ゆえに「生活困窮」とは「現に経済的に困窮し，最低限度の生活を維持できなくなるおそれのある状態」ということになる。生活困窮は貧困よりは広い概念であり，経済的困窮がその主要部分を占める。貧困の定義は様々であるが，その説明は別の機会に譲ってここでは貧困と生活困窮をほぼ同義で使用する。表14-3は経年の所得の低下を示している。

　2023（令和5）年度の「国民生活基礎調査」によると，世帯の状況は，既述の国立社会保障・人口問題研究所の調査結果と同様に単独世帯は増加している。2022（令和4）年度の単独世帯は1849万5000世帯，全世帯の34.0％で世帯数，割合とも過去最高であった。所得等の状況は，表14-3や図14-8にあるように，2022（令和4）年の時点では1世帯当たり平均所得金額は524万2000円（前年は545万7000円）で以前より減少し，図14-9にあるように生活意識を「苦しい」とした世帯は上昇した。以上からいえることは，主観的にも客観的にも日本全体として生活困窮は増加してきているということである。

　次に，年齢階級別生活保護費保護人員の年次推移をみると，図14-10のようである。高齢者の被保護率が圧倒的に高い。

表14-3　各種世帯の1世帯当たり平均所得金額の年次推移

世帯の種類 対前年増加率	2013 (平成25)年	2014 (26)年	2015 (27)年	2016 (28)年	2017 (29)年	2018 (30)年	2019 (令和元)年	2020 (2)年	2021 (3)年	2022 (4)年
全世帯（万円）	528.9	541.9	545.4	560.2	551.6	552.3	…	564.3	545.7	524.2
対前年増減率（％）	△1.5	2.5	0.6	2.7	△1.5	0.1	…	…	△3.3	△3.9

出所：厚生労働省「2023（令和5）年　国民生活基礎調査の概況」（https://www.mhlw.go.jp/toukei/saikin/hw/k-tyosa/k-tyosa23/dl/03.pdf　2024年9月1日閲覧）9頁より「全世帯」のみ筆者抜粋。

第14章　危機的状況にある家族への支援②　社会的孤立による問題

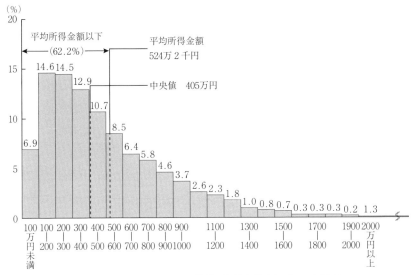

図14-8　所得金額階級別世帯数の相対度数分布（2023年調査）

出所：表14-3と同じ，10頁。

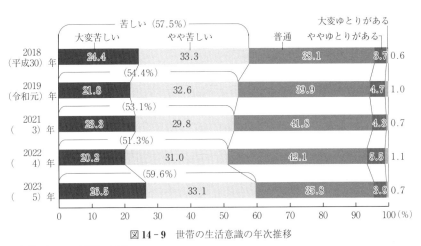

図14-9　世帯の生活意識の年次推移

出所：表14-3と同じ，12頁。

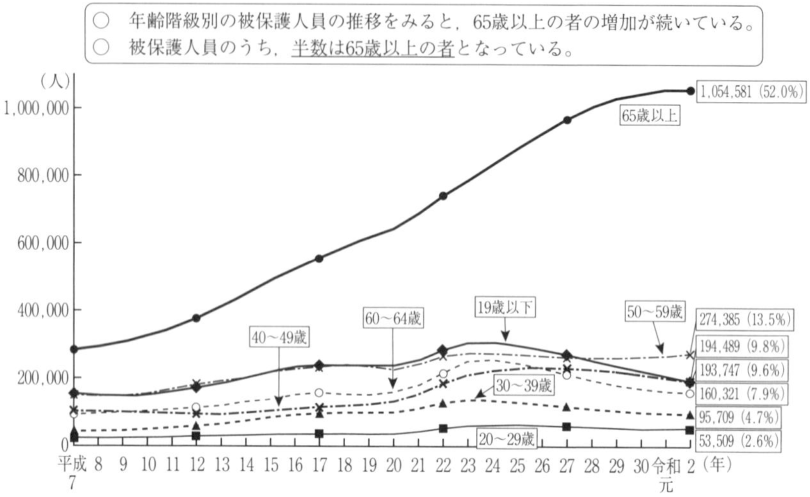

- 年齢階級別の被保護人員の推移をみると，65歳以上の者の増加が続いている。
- 被保護人員のうち，半数は65歳以上の者となっている。

図14-10 年齢階級別生活保護被保護人員の年次推移

出所：厚生労働省資料（https://www.mhlw.go.jp/content/12201000/000908527.pdf 2024年9月1日閲覧）93頁。

（2）8050問題

社会的孤立は，社会的排除，セルフ・ネグレクト，いじめ，不登校，ひきこもり，虐待，DVなどとも関係も深い。ここでは最近ひきこもりや社会的孤立との関係で注目されている8050問題について述べる。

「8050問題」（「はちまる・ごおまる」問題）は80歳代の親と50歳代の子どもの組み合わせによる生活問題である。80歳代の親が多くはひきこもりを続ける50歳代の子どもの生活を支えきれなくなって生じる社会問題である。背景には家族や本人の病気，親の介護，離職（リストラ），経済的困窮，セルフ・ネグレクト，人間関係の孤立など，複合的課題を抱え，地域社会のつながりを絶たれた社会的孤立があると考えられる。ひきこもる本人への介入よりむしろ親の介護をきっかけとした，家族へのアプローチが可能になる面があるといわれている。

追いつめられて，子どもによる親への虐待につながることもあり，逆に老親による子どもへの危害につながることもある。また親の死後，どうしてよいかわからず遺体を放置する事件も起こっている。そして，親子の高齢化で最近では「9060問題」となってきている。

事例2は孤立死に至った事例であるが，生活困窮を伴った8050問題でもある。

> **事例2 母子の孤独死**
>
> この事例は子どもの長期のひきこもりで生じた出来事ではないが，生活困窮を伴った8050問題に近い事例なので，例として挙げる。読売新聞，2020年12月30日付朝刊の29面で報じられていた記事であるが，見出しは"給水停止の部屋母娘？ 餓死"であった。大阪市のマンションの一室で，住人とみられる女性（68歳とみられる）とその長女（42歳）が餓死しているのが発見された。
>
> いずれも数か月前に低栄養失調症で死亡していたという。所持金は十数円。冷蔵庫には食料もなかった。女性は約40年前からこのマンションに住み，最近は会社勤めの長女と住んでいたが，長女がトラブルで会社を辞めてから収入がなく，8月から水道料金を滞納し，11月には給水を止められていたという。連絡が取れないことを不審に思った親戚の警察への通報で二人の死が確認された。
>
> 大阪市では2014年，孤独死を防ぐために異変があれば通報するように水道局や電気・ガス事業者などと協定を結んでいた。今回も水道の委託業者が10〜12月に4度訪問していたが，市水道局は「手続きをしないで転居する人も多く異変に気づけなかった」という。給水停止は市内で年間約1万6000世帯あるが，協定に基づいた通報は数件しかないという。制度がうまく機能していない。実に宝の持ち腐れである。もう一歩踏み込んだ対応はできなかったのだろうか。そしてその前に，収入の途絶えた段階でなんとか手が打てなかったのだろうか。セルフ・ネグレクトだったのだろうか。どの事例でもそうであるが，この場合も悔いの残る事例である。

4　日本の孤独・孤立対策

日本では既述のように2021（令和3）年2月に「孤独・孤立対策担当大臣」が新設され，内閣官房には「孤独・孤立対策担当室」が設置された。また，2024（令和6）年6月1日から「孤独・孤立対策推進法」が実施された。その概要は表14-4に示されている。

ここには，社会生活における孤独・孤立は心身に有害であるので，その状態にある人を支援すると記載されている。そして，理念として，何人も孤独・孤立の状態は人生のあらゆる段階において生じるのであらゆる分野においてその対策の推進を図ること，当事者や家族などの立場に立って状況に応じた支援が継続的に行われること，当事者たちが社会や他者との関わりをもつことによっ

第Ⅲ部　ファミリーソーシャルワークの実際

表14－4　孤独・孤立対策推進法の概要

趣旨

近時における社会の変化を踏まえ，日常生活若しくは社会生活において孤独を覚えることにより，又は社会から孤立していることにより心身に有害な影響を受けている状態にある者への支援等に関する取組について，その基本理念，国等の責務，施策の基本となる事項及び孤独・孤立対策推進本部の設置等について定める。
→「孤独・孤立に悩む人を誰ひとり取り残さない社会」，
　「相互に支え合い，人と人との「つながり」が生まれる社会」を目指す

概要

1　基本理念
　孤独・孤立対策（孤独・孤立の状態となることの予防，孤独・孤立の状態にある者への迅速かつ適切な支援その他孤独・孤立の状態から脱却することに資する取組）について，次の事項を基本理念として定める。
①孤独・孤立の状態は人生のあらゆる段階において何人にも生じ得るものであり，社会のあらゆる分野において孤独・孤立対策の推進を図ることが重要であること。
②孤独・孤立の状態にある者及びその家族等（当事者等）の立場に立って，当事者等の状況に応じた支援が継続的に行われること。
③当事者等に対しては，その意向に沿って当事者等が社会及び他者との関わりを持つことにより孤独・孤立の状態から脱却して日常生活及び社会生活を円滑に営むことができるようになることを目標として必要な支援が行われること。

2　国等の責務等
　孤独・孤立対策に関し，国・地方公共団体の責務，国民の理解・協力，関係者の連携・協力等を規定する。

3　基本的施策
・孤独・孤立対策の重点計画の作成
・孤独・孤立対策に関する国民の理解の増進，多様な主体の自主的活動に資する啓発
・相談支援（当事者等からの相談に応じ，必要な助言等の支援）の推進
・関係者（国，地方公共団体，当事者等への支援を行う者等）の連携・協働の促進
・当事者等への支援を行う人材の確保・養成・資質向上
・地方公共団体及び当事者等への支援を行う者に対する支援
・孤独・孤立の状態にある者の実態等に関する調査研究の推進

4　推進体制
・内閣府に特別の機関として，孤独・孤立対策推進本部（重点計画の作成等）を置く。
・地方公共団体は，関係機関等により構成され，必要な情報交換及び支援内容に関する協議を行う孤独・孤立対策地域協議会を置くよう努める。
・協議会の事務に従事する者等に係る秘密保持義務及び罰則規定を設ける。

施行期日

令和6年4月1日

出所：「孤独・孤立対策推進法の概要」（https://www.cas.go.jp/jp/seisaku/suisinhou/pdf/gaiyou.pdf　2024年9月1日閲覧）。

て孤独・孤立の状態から脱却して円滑な生活を営めることを目標として，そのために必要な支援をすること，を挙げている。また，責務として，国・地方公共団体の責務や国民の理解・協力，関係者の連携・協力を規定している。

　基本的施策として孤独・孤立対策の重点計画の作成，国民の理解の推進と多様な主体の自主活動に資する啓発，相談支援の推進，関係者の連携・協働の推進，支援を行う人材の確保・養成・資質向上，地方公共団体および当事者等への支援を行う者に対する支援，実態に関する調査研究の推進を挙げている。そして推進体制として内閣府に特別の機関として，孤独・孤立対策推進本部（重点計画の作成等）を置くこと，地方公共団体に孤独・孤立対策地域協議会を置くように努めること，協議会の事務に従事する者等に係る秘密保持義務と罰則規定を設けることが記載されている。

　また，このような施策と連動した地域包括支援センターなどの地域の施設・機関の働きも重要である。ここでは現場実践に見合う高齢者の孤立予防に向けたチェックシートの作成なども行われている。

　今後は社会的孤立を予防するために，社会のなかに居場所と出番を作る必要があるだろう。社会との関係を積極的に保ち続けるには，それなりのエネルギーが必要である。そのエネルギーを引き出し維持させるには，所得保障はもちろんだが，"楽しいこと"で社会につながっていること，"受け身"でも参加できること，そして"移動"が比較的スムーズに行えること（高齢などで移動がスムーズにいかなくなった人のために移動サポート制度を確立して利用しやすいようにすること）等々が必要とされる。今後さらに孤独，ひきこもり，いじめ，不登校，セルフ・ネグレクト，虐待やDV，そして今や高齢者だけではなく若者世代にも蔓延してきている社会的孤立など，ファミリーソーシャルワークの課題は山積みである。それらと向き合って，住みよい，生きよい社会が来るように努めるのはソーシャルワーカーの任務であろう。

注
(1) 内閣府（2022）「孤独・孤立対策の重点計画」（令和4年12月26日改定孤独・孤立

対策推進会議決定）（令和4年12月26日）（https://www.cao.go.jp/kodoku_koritsu/torikumi/jutenkeikaku/r03/pdf/jutenkeikaku.pdf　2025年2月15日閲覧）3頁。
(2) (1)と同じ、3〜4頁。
(3) 多賀幹子（2021）「イギリスの孤独対策に学ぶ（視点・論点）」（2021年12月14日初回放送）（https://www.nhk.jp/p/ts/Y5P47Z7YVW/episode/te/7PPR5KGL6V/　2025年2月15日閲覧）。
(4) (3)と同じ。
(5) 日本生活習慣病予防協会「生活習慣病とその予防」（https://seikatsusyukanbyo.com/prevention/isolation　2025年2月15日閲覧）。
(6) 内閣府（2010）『平成22年版　高齢社会白書』52頁。
(7) 斎藤雅茂（2022）「日本における社会的孤立の動向と課題・論点」（厚生労働省令和4年度生活困窮者自立支援制度人材養成研修）（https://www.mhlw.go.jp/content/12000000/001092900.pdf　2024年9月1日閲覧）。
(8) (1)と同じ。
(9) 石田光規（2022）「現代社会における孤立問題——地域社会は再生するのか」『政策オピニオン』（No. 250），平和政策研究所，2022年7月15日，1〜3頁（https://ippjapan.org/pdf/Opinion250_MIshida.pdf　2025年2月15日閲覧）。
(10) 社会の様々な単位が集団から個人中心になる現象。
(11) (9)と同じ。
(12) 石田光規（2011）『孤立の社会学——無縁社会の処方箋』勁草書房，3頁。
(13) 未婚は結婚するつもりだがまだ結婚していないこと。非婚は結婚しないこと。
(14) 国立社会保障・人口問題研究所「日本の世帯数の将来推計（全国推計）」（令和6（2024）年推計）7頁。
(15) (14)と同じ、15頁。
(16) 2023（令和5）年では単独世帯（2233万8000人）のうち65歳以上の単独世帯（784万4000人）の割合は35.2%で3分の1強を占める（国立社会保障・人口問題研究所「日本の世帯数の将来推計（全国推計）」（令和6（2024）年推計）23頁より筆者算出）。
(17) OECD（経済協力開発機構）（2005）"Society at Glance: 2005 edition," p. 83.
(18) 「孤独死・孤立死」の実態把握に関するワーキンググループ（2023）「『孤独死・孤立死』の実態把握に関する中間論点整理」（https://www.cao.go.jp/kodoku_koritsu/torikumi/wg/pdf/r512_ronten.pdf　2025年2月15日閲覧）3頁。
(19) 貧困死は表14-1のとおり「孤立の原因は貧困にあり，死に至らしめたのは貧困である」とする考え方で都留・唐鎌らが述べている。
(20) 日本少額短期保険協会孤独死対策委員会が算出。
(21) KHJ全国ひきこもり家族会連合会（2019）「地域包括支援センターにおける

『8050』事例への対応に関する調査報告書」（https://www.mhlw.go.jp/content/12200000/000525388.pdf　2025年2月15日閲覧）3頁。
(22)　(21)と同じ，6頁。

参考文献
新井康友（2023）「高齢者の孤立死の現状とその特徴に関する一考察」『関西社会福祉研究』(9)，15〜27頁。
額田勲（1999）『孤独死——被災地神戸で考える人間の復興』岩波書店。
井出草平（2007）『ひきこもりの社会学』世界思想社。
菅野久美子（2024）『超孤独死社会——特殊清掃の現場をたどる』毎日新聞出版。
多賀幹子（2021）「イギリスの孤独対策に学ぶ（視点・論点）」（2021年12月14日初回放送）(https://www.nhk.jp/p/ts/Y5P47Z7YVW/episode/te/7PPR5KGL6V/　2025年2月15日閲覧）。
山縣文治編集代表（2008）『子どもと家族のヘルスケア——元気なこころとからだを育む』ぎょうせい。
結城康博（2014）『孤独死のリアル』講談社。

学習課題
① 支援には問題解決を重視する「問題解決型支援」と，つながりを保ち続ける「伴走型支援」があるといわれている。どちらも大切であるが，社会的孤立状態にある人に有効な支援はどちらで，なぜそうなのか考えてみよう。
② 社会的孤立のうち，8050問題のような家族それぞれに支援が必要な事例（たとえば8050問題の場合は，親の多くは介護の問題，子どもには社会参加の問題がある）については，どのようにアプローチしますか。考えてみよう。

第Ⅲ部　ファミリーソーシャルワークの実際

コラム　保健師活動と家族支援

　患者の回復には家族の援助が非常に大切であることを最初に訴えたのはナイチンゲールといわれています。ナイチンゲールは看護を病院看護・個人看護・地域看護・助産看護に分類し，病院看護や地域看護では，家族，特に子どもの看護に関して，母親の健康や疾病に関する知識や環境調整の技術が重要であり，家庭に出向き指導することが必要だと言っています（小島操子監修（2016）『家族看護学（第2版）』中央法規出版）。現在，地域看護の一部を担っているのは看護職のなかで保健師です。日本における保健師活動の最初は1892年に京都看護婦学校が慈善事業として実施した貧しい家庭への巡回看護事業といわれています（大国美智子（1973）『保健婦の歴史』医学書院）。また，1947年に開始された開拓保健婦の活動は，各家庭へ出向いて行う各種保健指導にとどまらず，地区全体を対象とした栄養教室や布団の仕立て方（環境改善のため）教室の開催など生活全般の支援を実施しました（岩見ヒサ（2010）『吾が住み処ここより外になし』萌文社）。

　このように保健師は対象者のみならず地域や家族全体を対象に活動してきております。私は31年間，村や県の保健師として活動を行い，その後大学教員として保健師養成に携わってきました。県保健所での保健師活動の1つに「措置入院」となった患者家族への支援があります。ある患者は未成年の統合失調症患者で，近隣住民へ暴力をふるい怪我を負わせたために強制入院である「措置入院」となりました。私は市町の保健師と共に家族への家庭訪問を繰り返しました。両親は家に閉じこもり気味になり，つらい気持ちをなかなか口にすることもできない状態でしたが，家庭訪問を繰り返すうちに少しずつ気持ちを表現することができるようになりました。私は家族のつらい気持ちを理解・共有した上で，家族には病気の知識を持ってもらい，本人への対応方法，退院後の対応などについても支援を続けました。勿論，措置入院先の精神保健福祉士と十分な連携を取りながらの支援でした。

　保健師は，個別ケースの支援と同様に地区診断（各種データを分析して地区の健康問題を把握）をし，地区の健康問題解決にあたります。たとえば市のある地区はデータ分析の結果高齢者率が高く認知症の治療率も高いことがわかれば，軽度認知障害時から予防活動等を実施し認知症発生予防を目指します。また保健師の家庭訪問は本人や家族からの申請がなくても法的根拠により，家庭に出向きケースや家族の支援ができます。家族構成や家族のあり方が大きく変化している現在，ケースを支える保健医療福祉の各専門職は，地域全体を把握しながら連携することがとても大切になってくると思います。

（岐阜医療科学大学名誉教授　橋本廣子）

第15章

これからのファミリーソーシャルワーク

　本章ではこれからのファミリーソーシャルワークについて解説する。ファミリーソーシャルワークをはじめとした福祉サービスの展開は，時代ごとの情勢による社会や家庭のありように応じて進めることが必要である。とりわけわが国においては従来行われてきた社会福祉諸制度での支援（分野・領域ごとの対象者・属性別支援）展開から，地域共生社会を目指す方向性に転換し，生活者一人ひとりに対する包括的な支援を行っていくことが求められている。そのことから地域共生社会の実現に向けた全体像と方法をとらえ，時代に即したファミリーソーシャルワークの視点について学習していく必要がある。

1　日本の社会状況の変化と今後の予測

（1）日本社会の変化

　日本では人口動態の変化が生じており人口減少社会に突入している。国立社会保障・人口問題研究所の調査によると，2011（平成23）年からは日本では毎年約20万人前後の減少が続いている。その要因は，少子高齢化による出生減少と死亡増加と考えられている。また人口統計上での子ども（15歳未満）の割合は，1997（平成9）年に前期高齢者（65歳以上）人口を下回り，さらに2015（平成27）年には後期高齢者（75歳以上）の人口を下回った。

　このような出生率の低下などによる人口動態の変化のほかにも，子どものいる家族への影響としてひとり親世帯の増加や女性の社会進出による共働き家庭の増加などが進んでいる。こうした家庭機能や社会状況の変化などにより，家

第Ⅲ部　ファミリーソーシャルワークの実際

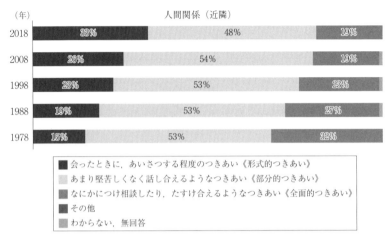

図15-1　隣近所の人とのつきあいのしかたとして望ましいとする考え方（全人口）
出所：NHK放送文化研究所「日本人の意識　1973-2018」(https://www.nhk.or.jp/bunken/yoron-isiki/nihonzin/data.html?q=31　2024年9月10日閲覧)。

庭内における子育てにも大きな影響を及ぼすことが懸念されている。そのほかにも子育て家庭に限らず，地域において以前に存在していた地縁による関係性が希薄化するなど変化が生じている。NHK放送文化研究所の経年調査によると，近隣との人間関係について，「全面的つきあい」（なにかにつけて相談したり，たすけ合えるようなつきあい）を求める割合が年々減少している一方で，「形式的つきあい」（会ったときに，あいさつする程度のつきあい）が増加している（図15-1）。地域社会における平常時の関係性の低下は，地域における孤立化にもつながることが懸念されることや，個々の多様な生活上の課題の発生時のほか発災時など地域全体での有事の際にも住民が取り残されることも危惧される。これらの地域同士の関係性の変化は個人や地域の問題だけでなく，国民生活における多分野での影響を与えることが憂慮されている。

　そのほかにも産業・経済活動や人々の生活の糧となる労働環境が大きく変化している。第4次産業とは情報，医療，教育サービスなどに関する知識集約の産業区分である。第4次産業はIoT（モノのインターネット）やAI（人工知能），ビッグデータの発達から進められ，世界的にも2016年の世界経済フォーラムで取り上げられ，その後第4次産業革命として進展している。これらのことから，

これまで産業を支えていた生産，販売，消費といった経済活動に加え，健康，医療，公共サービス等の幅広い分野のほか，人々の働き方やライフスタイルにも影響があるとされ，家庭における子育てや介護などを含めた生活全般にも変化が生じることがあると考えられる。

（2）これまでの社会福祉制度の発展と方向性

次に日本の社会福祉制度について整理する。日本では従前に福祉政策として子ども・障害者・高齢者・生活困窮者などの対象者ごとの支援体制を構築してきた。しかしながら国民の多様な生活形式やそれらに伴う複雑化する生活課題やニーズに対する対応が困難になっている。

その一方で，特定のテーマや課題の解決に向けて市民活動としての広がりも見られる側面もある。これらの活動には参加する人々の興味や関心から活動が始まることや，活動によりつながりや関係性が豊かになるコミュニティが生まれている活動もある。

これらのことから，国として官民を越えて協働することのできる社会を構築することを目指し，すべての国民を対象とした社会サービス政策の充実や，社会参加の拡大に向けた取り組みを進めている。

2 地域共生社会への視座と取り組み

（1）地域共生社会の概要

地域共生社会は国が2016（平成28）年6月に閣議決定した「ニッポン一億総活躍プラン」においてはじめてその定義が盛り込まれた。ニッポン一億総活躍プランとは当時の内閣（政府）が打ち出したスローガンで，誰もが能力を発揮して活躍でき，生きがいを感じられる社会の実現のため，社会・経済などの横断的課題の解決により社会や経済などの好循環を図るプランであった。このなかで地域共生社会について，子どもや高齢者，障害者などすべての人々が地域，暮らし，生きがいを共に創り，高め合うことができる社会と定義している。そ

第Ⅲ部　ファミリーソーシャルワークの実際

図15-2　地域共生社会のイメージ
出所：厚生労働省「地域共生社会のポータルサイト」（https://www.mhlw.go.jp/kyouseisyakaiportal/　2024年9月10日閲覧）。

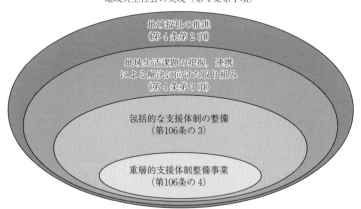

図15-3　地域共生社会と各事業の関係性と社会福祉法の規定
出所：厚生労働省社会・援護局地域福祉課地域共生社会推進室（2023）「『地域共生社会』の実現に向けた包括的な支援体制の構築について」（https://www.mhlw.go.jp/content/11907000/001127399.pdf　2024年9月10日閲覧）5頁。

図15-4 重層的支援体制整備事業のイメージ
出所：厚生労働省「地域共生社会のポータルサイト」（https://www.mhlw.go.jp/kyou seisyakaiportal/ 2024年9月10日閲覧）。

の上で地域共生社会に向けて国をあげて地域のあらゆる住民が役割を持ち，支え合いながら，自分らしく活躍できる地域コミュニティの育成等を推進していくことが示された。

　社会福祉領域においても，地域住民の複雑化・複合化した支援ニーズに対応した包括的な支援体制を構築するため，社会福祉法が2020（令和2）年に一部改正，翌2021（令和3）年に施行された。改正後の同法第4条では，「地域福祉の推進は，地域住民が相互に人格と個性を尊重し合いながら，参加し，共生する地域社会の実現を目指して行われなければならない」と地域福祉における地域共生社会のあり方が法律上で明文化された（図15-2）。そうして地域共生社会の実現を目指すため，包括的支援体制の整備（同法第106条の3）と重層的支援体制整備事業（同法第106条の4）が法律上位置づけられ，市町村を中心とし

表 15 - 1　重層的支援体制整備事業を支えるための各事業の概要

包括的相談支援事業 (社会福祉法第106条の4第2項第1号)	属性や世代を問わず包括的に相談を受け止める 支援機関のネットワークで対応する 複雑化・複合化した課題については適切に多機関協働事業につなぐ
参加支援事業 (社会福祉法第106条の4第2項第2号)	社会とのつながりを作るための支援を行う 利用者のニーズを踏まえた丁寧なマッチングやメニューをつくる 本人への定着支援と受け入れ先の支援を行う
地域づくり事業 (社会福祉法第106条の4第2項第3号)	世代や属性を超えて交流できる場や居場所を整備する 交流・参加・学びの機会を生み出すために個別の活動や人をコーディネートする 地域のプラットフォームの形成や地域における活動の活性化を図る
アウトリーチ等を通じた 継続的支援事業 (社会福祉法第106条の4第2項第4号)	支援が届いていない人に支援を届ける 会議や関係機関とのネットワークの中から潜在的な相談者を見付ける 本人との信頼関係の構築に向けた支援に力点を置く
多機関協働事業 (社会福祉法第106条の4第2項第5号)	市町村全体で包括的な相談支援体制を構築する 重層的支援体制整備事業の中核を担う役割を果たす 支援関係機関の役割分担を図る

出所：厚生労働省「重層的支援体制整備事業について」(https://www.mhlw.go.jp/kyouseisyakaiportal/jigyou/　2024年9月10日閲覧)。

た具体的な施策の展開が盛り込まれた（地域共生社会と各事業の関係性については図15-3参照）。なお，包括的支援体制の整備は市町村に努力義務とし，重層的支援体制整備事業は任意事業としている（2024年現在）。

　このうち「重層的支援体制整備事業」では，市町村（特別区を含む）において，属性を問わない「相談支援」，多様な「社会参加」に向けた支援，人と人がつながる「地域づくり」に向けた支援の3つの支援を一体的に実施することとされている（図15-4）。国は本事業の実施検討において，人々の生活そのものや生活を送るなかで直面する困難・生きづらさの多様性・複雑性に対応するため，①すべての人びとのための仕組みとすること，②実践において創意工夫が生まれやすい環境を整えること，③これまで培ってきた専門性や政策資源を活かすことに注目した上で事業化を図った。なお，重層的支援体制整備事業を支えるための具体的な事業や施策についても，社会福祉法で規定されている

(表15-1)。

(2) 地域共生社会を進める課題とメリット

これまで整理してきたとおり，地域共生社会は社会福祉法での規定などにより，今後の日本の社会の構築のあり方として示されている。三菱UFJリサーチ&コンサルティングによる調査研究において，支援者が描いている目指す地域社会の姿と向き合っている現実について図15-5のように説明されている。支援者の目指す方向性（左）と，当事者や地域住民の状況を含めた現実（右）にはギャップが生じているということを示している。しかしながら，それらのギャップと向き合い，課題を一つひとつ整理し，地域社会の将来像をどのようにデザインしていくのかを問うことが地域共生社会に向けた取り組みの最初の段階であるといえる。

また，地域共生社会の考え方や取り組みは，本来は地域住民のためのものであるにもかかわらず，行政や福祉従事者のみの考え方にとどまっていることも懸念される。その背景として，これまで福祉サービスを対象別の「制度・事業中心」で進めてきた可能性がある。しかしながら地域共生社会はすべての人が安心した生活を送ることのできる社会を目指すものであり，そのためにも「本人・世帯中心」での支援を進めることが重要といえる。本人・世帯中心でとらえるメリットとして図15-6のようなものが考えられる。

あわせて地域共生社会の構想以前に進められてきた支援の限界と地域共生社会における包括的支援の利点について図15-7のように整理されている。それによれば地域共生社会の構想前には個人を軸とした際に地域や支援関係機関と関係が持ちづらかった側面があったものを，地域共生社会における包括的支援では地域や支援関係機関が本人と多様な方法で緩やかなつながりや専門職などによる相談支援のほか，課題解決型支援や伴走型支援などを実施することも可能であると考えられ，よりそれぞれの支援対象者や家族との関係を有機的につくり上げることが期待される。

第Ⅲ部　ファミリーソーシャルワークの実際

どういう地域社会を目指すのか？		向き合っている現実
支援される「人」ではなく，支援される「時」と捉えられるように‥	↔	支援する人・される人の区別，疾患・障害等によるカテゴリー化
福祉の世界だけに閉じこもらないように‥	↔	障害がある子は，児童発達支援，特別支援学校，福祉作業所と，福祉の世界だけで生きていくのか？
支援が必要になっても，地域で普通に暮らしていけるように‥	↔	元気に暮らしていた高齢者が，介護サービスを利用し始めた途端，近所や友人との縁がなくなる
誰もが，誰かしらとつながっていればいい‥	↔	行政による通いの場など，画一的なつながりづくりの展開
もしも当事者になったら，「我が事」と捉えられるように‥	↔	制度の狭間，複雑・複合ケースを「他人事」として捉える

図15-5　地域共生社会をめざす支援者の視点

出所：三菱 UFJ リサーチ＆コンサルティング（2024）「包括的な支援体制の整備が市町村の努力義務になっているなんて知らなかったという人へのガイドブック」(https://www.murc.jp/wp-content/uploads/2024/05/houkatsu_09_1-4.pdf　2024年9月10日閲覧)　4頁。

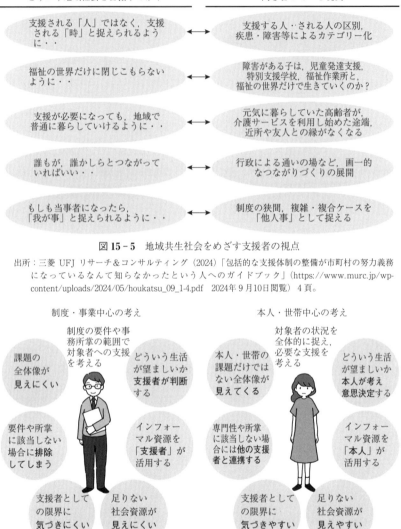

図15-6　「制度・事業中心」の考えと「本人・世帯中心」の考えの比較

出所：三菱 UFJ リサーチ＆コンサルティング（2024）「包括的な支援体制の整備が市町村の努力義務になっているなんて知らなかったという人へのガイドブック」(https://www.murc.jp/wp-content/uploads/2024/05/houkatsu_09_1-4.pdf　2024年9月10日閲覧)　6頁。

第15章 これからのファミリーソーシャルワーク

〈支援体制のこれまでとこれから〉

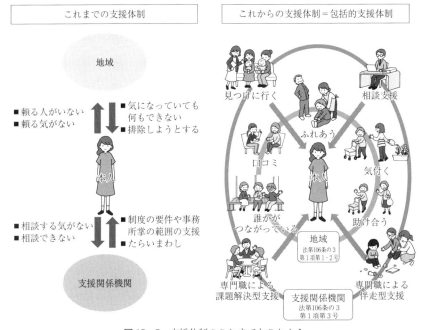

図15-7 支援体制のこれまでとこれから
出所：三菱 UFJ リサーチ＆コンサルティング（2024）「包括的な支援体制の整備が市町村の努力義務になっているなんて知らなかったという人へのガイドブック」(https://www.murc.jp/wp-content/uploads/2024/05/houkatsu_09_1-4.pdf　2024年9月10日閲覧）10頁．

3　地域共生社会を踏まえたファミリーソーシャルワークの視点

　地域共生社会の実現を目指すための重層的支援体制整備事業の視点には，ファミリーソーシャルワークを進める上においても重要なものも含まれている。それは家族への支援に向けて一人ひとりを取りこぼさないように相談支援を行うことや，支援において利用可能な社会資源とつないでいくこと，また必要な資源を開発するなどの視点である。そして具体的にファミリーソーシャルワークを展開する際には次の4点を踏まえることが望まれる。

193

第Ⅲ部　ファミリーソーシャルワークの実際

（1）当事者・住民の主体性を踏まえた展開

　地域共生社会の視点では，サービスの受け手・支え手という両極化した取り組みではなく，それぞれの特性や状況，能力などを含めてでき得ることについて主体的に取り組み関わることが望まれる。そのためにも主にサービスの受け手と考えられる当事者が単純にサービスを能動的に受けるのではなく，地域づくりや活動の際に主体的に参加できる仕組みづくりを進めることが考えられる。

　たとえば地域のサロン活動（ふれあい・いきいきサロンなど）や子ども食堂では，活動を実施する際に，参加者を来客者として位置づけるだけなく，参加者も可能な範囲で活動を手伝ってもらうことや，時にはスタッフ側に立ち参加者同士が交流できるように活動を盛り上げてもらえるように促すこともできる。また，現時点ではそのようなスタッフ側に立てない状況であったとしても，将来的にはスタッフ側に立てるように活動での想いを参加者に伝えることもひとつの方法として考えられる。言い換えると，参加者の出番や役割を広げていくことである。そのためにも，参加者が客体化（受け身）の存在として固定化されることのないようにすることや，一人ひとりの特性やできることを見つける視点を持つこと，それらを通して活動に参加する参加者・支援者の枠を超えて"他人事"ではなく"我が事"になるような方向性を意識することなどが重要と考えられる。これらは重層的支援体制整備事業での「参加支援」と同様の意味を持っている。

　また，地域での活動を進める際にも，活動の参加者・支援者の枠だけで考えず，地域にも活動を広げていく視点が必要である。それは活動を継続させるということだけではなく，地域での支え合いの文化を広げることにもつなげることができるためである。そのことから，地域住民の主体性を尊重し，活動に参加する関係者のみならず，関わる住民の意見を聴いた上で地域と共に多様な活動を創っていくことが大切といえる。

（2）行政・民間組織・住民の枠を超えた参画と協働

　地域共生社会の理念では，地域の様々なセクター（行政・民間・住民など）が各々の役割を果たしながら一人ひとりの住民を包括的に支援する体制と取り組

みを進めていくことが求められる。そうするには，これらの関係者（セクター）間で，どのような地域社会を目指していくのかについて，地域の進む具体的な方向性について合意形成を図る必要がある。そのためにもこれらの関係者間で幅広い観点での議論や検討を行うことが重要であり，多様な関係者が参画できる場や機会を設けることが必要である。同様の視点は社会福祉法第107条において市町村に努力義務として課されている地域福祉計画にも含まれている。地域福祉計画では，地域生活課題（福祉サービスを必要とする地域住民やその世帯が抱える福祉や介護，孤立などあらゆる生活および参加に関する各般の課題）の解決に資する支援が包括的に提供される体制の整備に関する事項を一体的に踏まえた内容とすることが定められている（同法第107条第1項第5号）。

　ファミリーソーシャルワークの視点においても，地域の家庭や家族に対してどのような現状であり，顕在化や潜在化している課題についてどのような形で包括的支援を展開していきたいかを広く検討することが重要である。これらのプロセスを進めることで，関係者間の役割を整理・明確化し，支援者間の連携を図るための足がかりにすることも期待できる。

（3）活動の取り組みの評価と改善

　ファミリーソーシャルワークでは，地域共生社会の取り組みで進められる相談支援や参加支援，地域づくりに向けた支援を行うこと自体が最終目的（ゴール）ではない。これらの支援や活動を通して，支援対象者の生活課題が具体的に解決あるいは改善され，支援対象者をはじめ地域にある地域生活課題が地域課題として共有された上で，誰もが安心して生活することのできる地域共生社会を実現していくことを最終目的としていく必要がある。その観点から，家庭に対する多様な支援をどのように支援対象者や地域住民に届けることができているのかを見直し，今後の支援展開につなげていくことが求められる。そのために個別の支援，支援活動の仕組み，地域社会の実際など，それぞれについてPDCAサイクル（Plan〈計画〉→Do〈実施〉→Check〈評価〉→Action〈改善〉）による進行管理を行うことが有効と考えられる。

（4）時代と社会状況にあわせたファミリーソーシャルワークの展開

　第1節において触れた人口体系や社会構造の変化のように，家庭を含めた社会状況は大きく変化し続けており，これからの生活を正確に予測することは不可能である。また特に近年，各地で頻発する災害などもあり，いつ・どのような形で生活が脅かされる状況に陥るかわからない。

　AI（人工知能）やビッグデータの活用などによってこれまでは推測されていなかったことが明らかになることはある一方で，一人ひとりの生活状況や心情，ニーズについてはこれらの情報やツールを用いても正確に理解することはできない。個人に丁寧に寄り添い，個人と向き合い，個人と個人，個人と地域や社会を丁寧につないでいくというファミリーソーシャルワークにおける伴走型支援は，今後さらにその役割が高まり重要なものとなっていくと考えられる。そのためにもファミリーソーシャルワークの支援の知識や技術など，専門性を高めていくことが求められる。

参考文献

NHK放送文化研究所「日本人の意識　1973-2018」（https://www.nhk.or.jp/bunken/yoron-isiki/nihonzin/data.html?q=31　2024年9月10日閲覧）。

経済産業省産業構造審議会（2016）「『新産業構造ビジョン』――第4次産業革命をリードする日本の戦　中間整理」（https://www.meti.go.jp/shingikai/sankoshin/shinsangyo_kozo/pdf/008_05_01.pdf　2024年10月27日閲覧）。

厚生労働省（2023）『令和5年版　厚生労働白書』。

厚生労働省社会・援護局（2023）「地域共生社会の実現に向けた包括的な支援体制の構築について」。

厚生労働省「地域共生社会のポータルサイト」（https://www.mhlw.go.jp/kyouseisyakaiportal/　2024年9月10日閲覧）。

これからの地域づくりを担うソーシャルワーク現任者の実践力の強化・育成に関する企画委員会編（2021）『みんなでめざそう！　地域づくりとソーシャルワークの展開』全国社会福祉協議会。

社会福祉学習双書編集委員会編（2024）『地域福祉と包括的支援体制』全国社会福祉協議会。

三菱UFJリサーチ＆コンサルティング（2024）「包括的な支援体制の整備が市町村

の努力義務になっているなんて知らなかったという人へのガイドブック」。

学習課題
① 近年の地域社会の変化と家庭への影響について整理してみよう。
② 地域共生社会の概要のポイントについてまとめてみよう。

コラム　私が大切にしてきたこと

　特定非営利活動法人ひだまりの丘はベビーシッター活動から始まり，保育園や地域子育て支援拠点等を運営しています。働き始めて，10年の月日が経ちました。学童保育所の指導員を辞め，何をしようか再出発を模索している時に，ある施設の経営者と出会い，話をするなかで法人の前身は学生時代に学生が主体となって作った話や子どもの育ちを見守る大人同士の関係性が重要といった話を聞きました。これに深く共鳴し，一緒に働きたいと思い，保育園の園長先生から始まって，現在に至ります。

　私がこれまでずっと大切にしてきたことは，「人」そのものです。「人」がすべてだと思っています。人が今何を感じているのか，どうしていきたいのかなど，感じていることや考えていることを一つひとつ丁寧に聴かせてもらうことを常に意識して取り組んできました。一緒に働く仲間や様々な事象に対して湧いた素直な気持ちをそのまま出し合うことで，新しい価値観に触れることができて，気づきが生まれます。そして何より建設的な関係性が築いていけると思います。一人ひとりの話を聴くことで，話した人は心身が満たされ，自分を受け止められるようになり，結果的に相手のことも受け入れられるようになります。つまり，自分を大事にすることができれば，目の前の人のことも大事にできるということです。そういう意味では，身体が不調な時にしっかり休むことも重要です。何事も無理なく，負担なく，楽しくやることがポイントだと思います。

　保育士や施設職員の研修会で講師を担当していると子どもを支える側の大人が「こうしたい！　こうやりたい！」といった自分の本音を出さずに我慢し，苦しみを抱え，疲弊している状況があると強く感じています。子どもファーストはもちろんのことですが，そのためには大人が自分自身と向き合い，振り返り，特に周囲への影響が大きい言葉と態度を改良し続けていくことが必要です。そんな何か行動に移すきっかけの一つになる研修を引き続きやっていきたいと思います。

　人間性・専門性の両方をバランスよく「人」のなかで磨きましょう。常に「私」を考え，改め，深め続けることです。継続は力になります。しんどい，ムリ，疲れたな，と思ったときは，おいしいものを食べて，寝てください。自分を一番大切にできるのは，誰でもない，あなた自身です。

蛯沢光ホームページ
https://www.akiraebisawa.com/

（ひだまりの丘理事長　蛯沢光）

おわりに

　ソーシャルワークの実践において家族の問題は切り離すことはできません。今日の具体的な問題でいえば，虐待，いじめ，自殺，ひきこもり，孤独死，8050問題，ヤングケラー，ダブルケア，老老介護などがあり，ソーシャルワーカーは生活者としての視点を重視しながら合理的かつ現実的な支援を考えなくてはなりません。

　さらに，ソーシャルワーカーには大切な役割があります。それは，クライアントに，これまで十分に学べなかった対人関係のスキルや，人間関係のネットワークを広げ，人に頼らずに生きていくという自立観を変え，自分を受けとめてくれる存在や居場所を築き，人とのつながりのなかで依存して生きていくことの意味を日々の支援を通して伝えることです。ソーシャルワークは，社会関係の再形成を通して孤立から脱することからはじまります。

　そのためには，自分の弱さを認めることができる強さが必要となります。人に助けを求める（頼る）ことは勇気のいる行動であり，その瞬間は，同時に「弱い」自分を超えて「強い」自分となる瞬間でもあるからです。この事実に確信をもつこと。さらに，助けを求めるには相手への信頼がなければできることではありません。勇気をもって他者に助けを求めるには，その苦しみを深く受け止めてくれる聴き手が必要です。人は誰かと居ることで強くなれるのであり，ソーシャルワーカーはその誰かになれることを目指していくのです。

　21世紀，社会が大きく変動し，しかもそれらのスピードが予想をはるかに超えて進んでいる今日，深い孤独にとらわれ，荒涼とした世界で暮らしている人たちが沢山います。生活の重荷に耐えながら長い人生を歩んできた人たち，家族の不安定な関係のなかにもまれてきた人たち，社会の環境に馴染めなかった人たちは，さまざまな人間不信にとらわれていたり，自信を喪失したりしています。ソーシャルワーカーとの出会いは，これらの人々にとって，一人の人間として尊重され，生きることの意欲に目を留めてもらったという人間観を覆される体験になることもあります。さらに，自分の父・母親あるいはその他の大

切な人のイメージをソーシャルワーカーに重ねて，長い間誰にも話せなかった悲しみや苦しみを言葉にする人，密やかな自負心や誇りを認めてもらい，生きる意欲を呼び起こして新しい役割を獲得する人たちもいます。こうした社会のなかで生きる人々に，ソーシャルワーカーが必要とされていること，そしてソーシャルワーカーを目指している特に若い学生たちがその「働き」を，本書を通して学んでいただけることを願って擱筆いたします。

　最後になりましたが，発刊の機会をいただいた監修の杉本敏夫先生（関西福祉科学大学名誉教授），分担執筆の労を担われた先生方，企画から校正まで細やかな配慮をいただいたミネルヴァ書房の亀山みのり氏に心より感謝申し上げます。

2025年1月

編者　小口将典

さくいん
（＊は人名）

あ

アクション・システム　88
アセスメント　80, 144
アドバンス・ケア・プランニング　119
アフターフォロー　94
家制度　15
医学モデル　79
インターベンション　92
インフォーマルサービス　66
ウェルビーイング　79, 104, 135
ウェルフェア　104
エコマップ　52, 59
エンパワメント　82
親なき後　132

か

介護離職　114
核家族　14, 32
核家族化　5
拡大家族　14
家族会　121
家族機能　15
家族機能の外部化　5
家族システム　7, 83
家族面接　65
家族ライフサイクル　39
家父長制　16, 113
間投詞　72
＊窪田暁子　72
ケアシステム　86
言語的コミュニケーション　69
後期高齢者　185
合計特殊出生率　28
高齢化率　30
子育て支援　102

孤独　164
孤独死　174
こども家庭センター　161
子ども食堂　194
＊コノプカ（G. Konopka）　72
雇用の分野における男女の均等な機会及び待遇の確保等に関する法律（男女雇用機会均等法）　21
孤立　164
孤立死　172
コンフロンテーション　46

さ

ジェノグラム　52, 55
システム理論　88
児童虐待　40, 150
児童虐待の防止等に関する法律（児童虐待防止法）　150
社会的孤立　167
重層的支援体制整備事業　189, 193
終末期　118
出生率　28
障害者世帯　133
少子高齢化　31, 185
シングル介護　113
身体障害児者　125
ステップファミリー　6, 17
ストレングス　109
生活困窮　176
生活困窮者自立支援法　176
生活場面面接　72
生産年齢人口　31
精神障害児者　125
セルフエンパワメント　82
セルフ・ネグレクト　178

前期高齢者　185

た
ターゲット・システム　88
ダブルケア　6, 113
男女共同参画社会　22
男女雇用機会均等法→雇用の分野における男女の均等な機会及び待遇の確保等に関する法律
単身家族　32
地域共生社会　187, 193
地域のサロン活動　194
地域福祉計画　195
知的障害児者　125
閉じられた質問　69

な
ニッポン一億総活躍プラン　187
乳児家庭全戸訪問事業　161
認知症高齢者　117

は
パートナーシップ　107
パートナーシップ制度　17
配偶者からの暴力の防止及び被害者の保護等に関する法律（DV防止法）　156
配偶者暴力相談支援センター　156
バイステックの7原則　67, 109
8050問題　178
＊ハミルトン（G. Hamilton）　79
非言語的コミュニケーション　71
ビッグデータ　196
一人暮らし　32
開かれた質問　69
＊ピンカス（A. Pincus）　88
貧困の連鎖　42
ファミリーマップ　52, 58
フォーマルサービス　66

プランニング　84, 85
＊フリードマン（M. M. Friedman）　4, 15
別居介護　112
ベビーブーム　26
保育士　103
保育所保育指針　103
包括的支援体制の整備　189
保護者支援　102
＊ホリス（F. Hollis）　79

ま
＊マードック（G. P. Murdock）　15
＊ミナハン（A. Minahan）　88
ムラ社会　36
メラビアンの法則　67
モニタリング　92

や
ヤングケアラー　6, 139
要保護児童対策地域協議会　161

ら
ラポール（信頼関係）　74
離婚件数　34
＊リッチモンド（M. E. Richmond）　65, 79
老老介護　112

わ
ワーク・ライフ・バランス　19, 20

欧文
AI（人工知能）　196
DV（ドメスティックバイオレンス）　40, 156
DV防止法→配偶者からの暴力の防止及び被害者の保護等に関する法律
LGBTQ　17
PDCAサイクル　195

監修者紹介

杉本　敏夫（すぎもと・としお）
　現　在　関西福祉科学大学名誉教授
　主　著　『新社会福祉方法原論』（共著）ミネルヴァ書房，1996年
　　　　　『高齢者福祉とソーシャルワーク』（監訳）晃洋書房，2012年
　　　　　『社会福祉概論（第3版）』（共編著）勁草書房，2014年

執筆者紹介　（執筆順，＊印は編者）

田嶋　香苗（たじま　かなえ）（第1章）
関西学院大学人間福祉学部助手

木村　淳也（きむら　じゅんや）（第2章）
会津大学短期大学部教授

今井　慶宗（いまい　よしむね）（第3章）
関西女子短期大学教授

＊小口　将典（おぐち　まさのり）（第4・5章）
編著者紹介参照

松久　宗丙（まつひさ　そうへい）（第6章）
医療法人社団崇仁会船戸クリニック天音の里施設長

鈴木　光（すずき　ひかる）（第7章）
美濃加茂市役所

山田　裕一（やまだ　ゆういち）（第8章）
立命館大学生存学研究所客員研究員

竹下　徹（たけした　とおる）（第9章）
周南公立大学人間健康科学部准教授

汲田　千賀子（くみた　ちかこ）（第10章）
同朋大学社会福祉学部教授

酒井　美和（さかい　みわ）（第11章）
帝京大学文学部講師

矢ヶ部　陽一（やかべ　よういち）（第12章）
西九州大学短期大学部講師

佐々木　誠二（ささき　せいじ）（第13章）
会津大学短期大学部講師

加納　光子（かのう　みつこ）（第14章）
中部学院大学通信教育部非常勤講師

吉田　祐一郎（よしだ　ゆういちろう）（第15章）
四天王寺大学教育学部准教授

編著者紹介

小口　将典（おぐち・まさのり）
　現　在　関西福祉科学大学社会福祉学部教授
　主　著　『福祉サービスの組織と経営』（編著）ミネルヴァ書房，2022年
　　　　　『食卓から子育て・保護者支援への展開——保育ソーシャルワークの新たな方法』
　　　　　（単著）日総研出版，2023年

最新・はじめて学ぶ社会福祉㉔
ファミリーソーシャルワーク

2025年4月1日　初版第1刷発行	〈検印省略〉

定価はカバーに
表示しています

監修者	杉　本　敏　夫
編著者	小　口　将　典
発行者	杉　田　啓　三
印刷者	坂　本　喜　杏

発行所　株式会社　ミネルヴァ書房
607-8494　京都市山科区日ノ岡堤谷町1
電話代表　(075)581-5191
振替口座　01020-0-8076

©小口ほか，2025　　冨山房インターナショナル・新生製本

ISBN 978-4-623-09874-3
Printed in Japan

杉本敏夫　監修

──────── 最新・はじめて学ぶ社会福祉 ────────

全24巻予定／Ａ５判　並製

① 医学概論
❷ 心理学と心理的支援
❸ 社会学と社会システム
❹ 社会福祉
❺ 社会福祉調査の基礎
❻ ソーシャルワーク論
❼ ソーシャルワークの基盤と専門職Ⅰ(基礎)
❽ ソーシャルワークの基盤と専門職Ⅱ(専門)
❾ ソーシャルワークの理論と方法Ⅰ(共通)
❿ ソーシャルワークの理論と方法Ⅱ(専門)
⓫ 地域福祉と包括的支援体制
⓬ 福祉サービスの組織と経営

⑬ 社会保障
⓮ 高齢者福祉
⓯ 障害者福祉
⓰ 児童・家庭福祉
⓱ 貧困に対する支援
⓲ 保健医療と福祉
⓳ 権利擁護を支える法制度
⓴ 刑事司法と福祉
㉑ ボランティア活動論
㉒ 介護概論
㉓ 特別支援教育と障害児の保育・福祉
㉔ ファミリーソーシャルワーク

順次刊行，●数字は既刊

──────── ミネルヴァ書房 ────────

https://www.minervashobo.co.jp/